PETER LAUSTER
DIE LIEBE

PETER LAUSTER
DIE LIEBE
Psychologie eines Phänomens

ECON VERLAG
DÜSSELDORF · WIEN

1. Auflage 1980
Copyright © 1980 by Econ Verlag GmbH, Düsseldorf und Wien
Alle Rechte der Verbreitung, auch durch Film, Funk und Fernsehen, fotomechanische Wiedergabe, Tonträger jeder Art, auszugsweisen Nachdruck oder Einspeicherung und Rückgewinnung in Datenverarbeitungsanlagen aller Art, sind vorbehalten.
Gesetzt aus der Garamond der Linotype GmbH
Satz: Dörlemann, Lemförde
Papier: Papierfabrik Schleipen GmbH, Bad Dürkheim
Druck und Bindearbeiten: May & Co, Darmstadt
Printed in Germany
ISBN 3 430 15882 6
...

INHALT

Vorwort 11

I. TEIL: IM GARTEN DER GEFÜHLE 15

1. Die 9 Mythen der Liebe 17
   Mythos 1: »Sexualität macht frei.« 21
   Mythos 2: »Sexualprobleme gelöst – alle Probleme gelöst.« 25
   Mythos 3: »Der Orgasmus ist das Ziel der Liebe.« 27
   Mythos 4: »Technik ist wichtig für eine befriedigende Sexualität.« 31
   Mythos 5: »Liebe in der Jugend ist anders als im Alter.« 35
   Mythos 6: »Die große Liebe dauert ewig.« 39
   Mythos 7: »Eifersucht gehört zur Liebe.« 43
   Mythos 8: »Die Liebe ist ein Ereignis des Schicksals.« 49
   Mythos 9: »Der Mensch kann nur eine oder höchstens zwei große Lieben erleben.« 53

2. Liebe ist mehr, als wir bisher wußten 57
   Liebe ist Zuwendung 60
   Liebe ist Meditation 65
   Liebe ist Selbstfindung 69
   Liebe ist psychische Gesundheit 72
   Liebe ist Leben 77

3. Die Liebesfähigkeit 81
   Liebe und die gesellschaftlichen Verhältnisse 85
   Die Frustration der Begierde 88
   Liebe und Selbstbewußtsein 92

Offenheit der Sinne 95
Was ist Schönheit? 99
Richtiger Umgang mit dem Denken 102
Richtiger Umgang mit der Zeit 105
Die Kunst des Alleinseins 108
Lust und Leid 112
Wie kann man die Liebesfähigkeit fördern? 115

II. TEIL: WAS MIT DER LIEBE GESCHIEHT 119

4. Die Liebesbeziehung durchläuft Phasen 121
   Erste Phase: Aufmerksamkeit 123
   Zweite Phase: Phantasie 127
   Dritte Phase: Selbsterkenntnis oder Selbstverwirklichung 130
   Vierte Phase: Erste und einzige Krise 133
   Fünfte Phase: Loslösung oder Vertiefung 135

5. Wenn die Liebe vergeht 139
   Eingespannt in Zwänge 143
   Eifersucht 145
   Wenn aus Liebe Haß wird 148
   Weitere psychologische Erkenntnisse über den Haß 151
   Die Flüchtigkeit der Liebe 154
   Neurose kommt zu Neurose 157

6. Die Folgen enttäuschter Liebe 161
   Liebesverlust ist der stärkste psychische Schmerz 164
   Enttäuschte Erwartung ist die Ursache seelischer Störungen 168
   Enttäuschte Liebe führt zur seelischen Erstarrung 172

III. TEIL: IN DER KUNST ZU LIEBEN LIEGT DER SINN DES LEBENS 175

7. Aus der Praxis des Psychologen 177
   »Ich brauche Alkohol, um mich frei zu fühlen.« 179
   Angst vor dem Gefühl, zu lieben 183
   Wie entsteht Liebe? 187
   Fixierung der Liebe auf einen Menschen 191

»Ich liebe meine Frau nicht mehr.« 195
»Ich fühle mich fremd und allein.« 198
»Wir haben häufig Streit.« 202
Wie wichtig ist die Liebe zum anderen Geschlecht? 204
»Liebe ist mir zu problematisch.« 207
»Wie ich einmal bei Sinnen war, wurde alles
plötzlich klar und leicht.« 211

8. Wege zur erfüllten Liebe 217
   Welche Bedeutung hat die Sexualität? 220
   Intelligenz und Liebe 222
   Liebe heilt 225
   »Alles, was du tust, das tue aus Liebe.« Worte
   an einen Freund 228

Bibliographie 233

»*Lieben – lieben, das ist es. Lieben ist alles.*«
INGEBORG BACHMANN

»*Den Liebenden stäubt Mond*
Ein sanftes Licht
Milchmild auf Meer.
Blütenreich
Ist ihr Tag,
Der Abend still,
Es stillt sie gut
Sternübersternt die Nacht.«
ALBERT EHRENSTEIN

VORWORT

Dieses Buch über die Liebe ist in einem sehr langwierigen Prozeß entstanden. Ich beschäftige mich mit der Klärung des Phänomens Liebe seit mehr als zwanzig Jahren. Sämtliche persönlichen Erfahrungen und wissenschaftlichen Erkenntnisse als forschender und praktizierender Psychologe versuche ich hier zu vereinigen. Dennoch ist dieses Buch kein wissenschaftlicher Bericht.

Die Liebe ist ein psychisches Phänomen und deshalb den spezifischen und heute bekannten naturwissenschaftlichen Forschungsmethoden nur äußerst schwer zugänglich. Das bedeutet jedoch nicht, daß über die Liebe deshalb nichts Allgemeingültiges ausgesagt werden könnte. Die Liebe erschließt sich uns über das Erlebnis. Erlebnisse lassen sich nicht im Labor mit Instrumenten messen – man kann über sie aber beschreibend berichten. Diese Beschreibungen sind selbstverständlich immer subjektiv. Aber im Subjektiven – diesem Trugschluß dürfen wir nicht verfallen – liegt nicht zwangsläufig Unwahrheit oder Verzerrung der Wirklichkeit. Wir sollten den Mut haben, zu unseren subjektiven Erfahrungen zu stehen, denn das Subjektive ist die Basis unseres persönlichen Erlebens.

Nachdem ich mich zwanzig Jahre selbst genau beobachtet habe und subjektive Beobachtungen von vielen Menschen aufgeschrieben habe, die letzten zehn Jahre als beratender Psychologe, glaube ich, daß es mir möglich war, das Gemeinsame der subjektiven Erfahrungen und Erlebnisse zusammenzufassen und zu ordnen.

Ich stelle immer wieder fest, daß die Mehrzahl der Menschen in der Entfaltung ihrer Liebesfähigkeit gehemmt und blockiert ist. Ich möchte deshalb mit diesem Buch nicht nur an den Verstand appellieren und einen sogenannten »Wissensstoff« vermitteln, sondern vielmehr beim Leser einen Erkenntnisprozeß anregen. Ich möchte, daß Sie sich mit den Erkenntnissen auseinandersetzen, weil sie Sie persönlich ganz individuell etwas angehen. Die persönliche Betroffenheit von der Thematik Liebe sollte Sie anregen, dieses Buch subjektiv zu verarbeiten. Die einzelnen Worte und Thesen sind unbedeutend, wenn Sie ihnen keine persönliche Bedeutung für Ihr Leben geben können. Distanzieren Sie sich also nicht, indem Sie alles auf eine nur intellektuelle Ebene schieben. Ich möchte Sie ermuntern, Ihre eigenen Erfahrungen und Erlebnisse genauer zu beobachten und möchte einen subjektiven Erkenntnisprozeß auslösen, der Sie der eigenen Liebesfähigkeit näherbringt. Mehr zu lieben und weniger gleichgültig und stumpf durchs Leben zu gehen, darauf kommt es an.

Das Buch enthält keine einfachen oder gar bequemen Rezepte. Es verrät auch keine simplen Tricks, wie man andere schnell und problemlos in sich verliebt machen kann. Ich verstehe das Buch vielmehr als eine Anregung zur Selbstfindung. Es soll Mut machen, zu mehr seelischer Freiheit zu gelangen, häufiger und intensiver zu lieben als bisher.

Das Geheimnis der Liebe ist seelische Wachheit und Freiheit, das Geheimnis von Wachheit und Freiheit aber ist der Mut. Es ist viel Mut erforderlich, die eigenen Gefühle wach und vorurteilslos genau zu betrachten.

Ich möchte nicht »nur« Wissen vermitteln oder »Diskussionsstoff« liefern, ich möchte, daß Sie tiefer in die Thematik einsteigen. Die Liebe ist der Weg zu Glück, Zufriedenheit, Gesundheit und Weisheit. Wenn ich das mit dem Buch begreiflich machen kann, erfühlbar und erkennbar, dann ist dieses Buch nicht umsonst geschrieben. Es ist eine Liebeserklärung an die Liebe und das Leben. Das ist jedoch nicht genug, es möchte die Seele befreien und das Licht der Erkenntnis anzünden. In diesem Sinne ist es ein nützliches Buch.

Köln, März 1980

I. TEIL:

IM GARTEN DER GEFÜHLE

1.

DIE 9 MYTHEN DER LIEBE

»*Je weniger ich im ganzen an unsere Zeit glauben kann, je mehr ich das Menschentum verkommen und verdorren zu sehen meine, desto weniger stelle ich diesem Verfall die Revolution entgegen und desto mehr glaube ich an die Magie der Liebe.*«
HERMANN HESSE

In einer Buchhandlung finden Sie viele Bücher über Sexualität, aber nur sehr wenige Bücher über die Liebe. Die Sexualität wurde und wird wissenschaftlich von Medizinern und Psychologen erforscht, nicht jedoch die Liebe. Woran liegt das?

Als ich in den Jahren 1961 bis 1968 in Tübingen Psychologie studierte, dachte ich, daß ich auch etwas über die »Psychologie der Liebe« erfahren würde. In diesen sieben Jahren fand ich jedoch im Vorlesungsverzeichnis nie eine Ankündigung mit diesem oder einem ähnlichen Titel. Statt dessen drehte sich alles um Testpsychologie, experimentelle Wahrnehmungspsychologie, Statistik, klinische Psychologie, Werbepsychologie, Charakterologie, Entwicklungspsychologie, Betriebspsychologie usw.

Die Psychologie ist eine junge Wissenschaft, und sie ringt bis heute um ihre Anerkennung als »vollgültige Wissenschaft«. Ich hatte als Student immer das Gefühl, daß die Hochschulpsychologen die Psychologie als eine empirisch-experimentelle Wissenschaft, so etwa wie die Physik, zu etablieren versuchten. Hat die Psychologie das nötig? Über die Liebe habe ich in Tübingen sowenig gehört, weil man die Liebe nicht empirisch-experimentell untersuchen kann. Sie läßt sich nicht messen, testen oder quantitativ erfassen und in Computern verrechnen; deshalb ließ man in Tübingen als seriöser Wissenschaftler besser die Finger davon.

Weil sich die Liebe schwer messen läßt, existiert sie bis heute nicht in der psychologischen Forschung. Dies ist sehr bedauerlich, denn obwohl sie sich nicht messen läßt, so ist sie doch existent, und man kann sie untersuchen – allerdings nicht mit den sogenannten naturwissenschaftlichen Methoden. Über die Liebe muß man nachdenken, man muß sie erfahren und darüber beschreibend schreiben – so fällt sie in das Gebiet der philosophischen Psychologie, und gerade damit wollen die wissenschaftlich orientierten Psychologen wenig zu tun haben. Deshalb haben sich Psychologen zum Thema Liebe sowenig geäußert, obwohl sie natürlich zentral ins Gebiet der Seelenforschung gehört; wohin denn sonst? Ins Gebiet der Religion vielleicht? Mit der Seele und Liebe beschäftigt sie sich auch – aber eben »unwissenschaftlich!«

Ich will mich auf den folgenden Seiten mit der Liebe auseinandersetzen – wie ich meine, nicht unwissenschaftlich, aber auch nicht mit empirisch-statistischen Methoden. Ich will über die Liebe nachdenken und meine persönlichen Erfahrungen und Erlebnisse einbringen und selbstverständlich auch die Erlebnisse meiner Mitmenschen, die ich aus meiner Tätigkeit als beratender Psychologe mit eigener Praxis (seit 1971) sehr gut kenne.

In den vergangenen Jahren habe ich genau zugehört, was man mir über Liebe berichtet hat, ich habe aufmerksam gelesen, was im Namen der Liebe im Alltag geschieht, und ich habe mich immer wieder gefragt: Was ist hier wirklich Liebe und was ist gelogene Liebe? Was kommt unter dem Deckmantel der Liebe daher und ist das Gegenteil? Warum wird die Liebe so mißbraucht? Wenn man genau hinschaut, dann ist sie ein zentrales psychisches Geschehen. Als Student interessierte ich mich für die Psychologie der Liebe, weil mich meine persönlichen Gefühle der Liebe stark absorbierten. Dann beobachtete ich, daß auch die anderen Menschen um dieses Thema kreisen, und ich lernte als Berater, daß psychische Schwierigkeiten und Störungen sich auf dieses zentrale Thema zurückführen lassen. Ich war also immer wieder gezwungen, mich unter verschiedenen Aspekten mit dieser Thematik auseinanderzusetzen.

Als beratender Psychologe versucht man, anderen zu helfen, mit ihrer Psyche besser zurechtzukommen. Man versucht, Ängste abzubauen, Selbstvertrauen zu stärken, seelisches Gleichgewicht aufzubauen, innere Ruhe zu vermitteln, Lebensmut zu erzeugen. Wie soll ich leben? Wie kann ich glücklicher werden? Warum bin ich depressiv? Warum werde ich nicht akzeptiert? Wie kann ich angstfreier und gelassener werden? Wie baue ich innere Spannungen ab? Wie kann ich freier werden?

Alle diese Fragen kreisen um seelisches Wohlbefinden und letztendlich, wie ich erst nach und nach erkannte, um die Liebe. Um diesen komplizierten seelischen Vorgang zu verstehen, kann man nicht einige schlagwortartige Sätze schreiben oder einen Artikel in einer Zeitschrift verfassen. Um das zu erklären, brauche ich über zweihundert Seiten und natürlich einen Leser, der aufgeschlossen mitdenkt. Aber es hat wenig Sinn, zu erwarten, daß ich ein mechanistisch-funktionelles Wissen vermittle, das die Liebe zu einer einfachen Sache macht, die mit dem Verstand erfaßt und dann manipuliert werden könnte.

Die Liebe ist keine Sache des Verstandes, sondern eine Angelegenheit des Gefühls. Sie können noch soviel über die Liebe lesen oder nachdenken, wenn es nur über den Verstand und das

Denken aufgenommen wird, bleibt es für Sie ohne Wert. Die Liebe ist ein elementarer Zustand, der nicht vom Denken herbeizitiert werden kann.

Zunächst möchte ich mit den vielen Irrtümern und Mythen aufräumen, die mit der Liebe verbunden sind. Wenn diese Mythen weggeräumt werden, von jedem einzelnen in seiner persönlichen Lebenssituation, dann wird das Richtige plötzlich sichtbar. Das Richtige taucht für den einen nur kurz aus dem Nebel auf und verschwindet dann wieder. Für einen anderen ist die Klarheit da, und er kann sie auch festhalten. Das Leben ist sinnvoll, wenn die Liebe da ist, andernfalls ist das Leben voll Leid, Angst und Unsicherheit. Warum das so ist, versuche ich auf den folgenden Seiten ins Bewußtsein zu holen. Jeder kann die Wahrheit erkennen, und ich hoffe, daß es möglichst vielen gelingt, sie festzuhalten.

MYTHOS 1:

»Sexualität macht frei.«

Sexualität und Liebe sind zwei Vorgänge, die zwar zusammengehören, die jedoch nicht miteinander verwechselt werden dürfen. Sexualität ist ohne Liebe möglich, und Liebe kann sich ohne Sexualität entfalten. Das ist eigentlich jedermann bekannt, und doch wird beides immer wieder durcheinandergeworfen.

Sigmund Freud, der Begründer der Psychoanalyse, hat der Entfaltung und Befreiung der sexuellen Triebenergie eine große Bedeutung für die seelische Gesundheit zugeschrieben. Die verdrängten sexuellen Triebimpulse, die so typisch für seine Zeit um die Jahrhundertwende und danach waren, sind ihm bei der Behandlung und Analyse seiner Patienten aufgefallen, und er hat der Sexualität im Seelenleben des Menschen den ihr gebührenden wichtigen Platz eingeräumt.

Er entdeckte eine revolutionäre Neuigkeit zur damaligen Zeit: daß bereits das Kind sexuelle Phasen durchläuft, die orale, anale und genitale Phase, und daß diese Phasen für das spätere Sexualleben des Erwachsenen von Bedeutung sind. Sigmund Freud wirkte der Prüderie seiner Zeit entgegen, und er leistete so den entscheidenden Anstoß für die »Befreiung der Sexualität« in diesem Jahrhundert.

Vor allem Wilhelm Reich hat, auf Freud aufbauend, die Funktion der Sexualität für die Entstehung psychischer Störungen in den Mittelpunkt gestellt. Nach Reich ist die Ableitung sexueller

Erregungsenergie durch den Orgasmus eine Voraussetzung für das körperliche und psychische Wohlbefinden, wogegen die aufgestaute Erregung zu Spannungszuständen führt, zur allgemeinen und speziellen Muskelverkrampfung, zu seelischer Gespanntheit sowie zu Frustrationsreaktionen. Das Fazit von Freud und Reich: Die volle sexuelle Befriedigung ist von großer Bedeutung für das seelische Wohlbefinden. Mangelnde sexuelle Befriedigung führt zum Aufbau von Frustrationsspannung. Freud glaubte, daß die Sublimierung des Sexualtriebs möglich sei, während Reich stärker biologisch orientiert war und die Triebbefriedigung für absolut notwendig hielt, um der Neurose oder Psychose zu entgehen. Sowohl Freud als auch Reich leisteten für die Befreiung (im Sinne von Anerkennung) der Sexualität wichtige Voraussetzungen, so daß nach dem Zweiten Weltkrieg der Liberalisierungsprozeß stetig fortschreiten konnte.

Pornographische Abbildungen und Prosatexte werden heute in der Bundesrepublik zugelassen. Junge Paare können auch ohne Trauschein eine Wohnung finden und zusammenleben. Die Homosexualität ist nicht mehr strafbar. Dies alles sind Symptome für eine allgemeine gesellschaftliche Liberalisierung.

Es wäre jedoch ein Trugschluß, zu glauben, daß die zunehmende Befreiung der Sexualität von Tabus den Einzelmenschen oder die Gesellschaft freier machten. Sicherlich ist sexuelle Selbstentfaltung eine wichtige Voraussetzung, sich als Individuum freier und wohler zu fühlen, aber dies ist nur ein Teil. Viele glaubten, daß die Befreiung der Sexualität ein so wichtiger und entscheidender Teil wäre, daß sich durch die Liberalisierung der Sexualität in der Gesellschaft die gesamten gesellschaftlichen Verhältnisse wandeln würden, nach der Formel: Die befreite Sexualität befreit die Gesellschaft.

Viele Psychotherapeuten waren in den vergangenen fünfzig Jahren mit Freud und Reich der Auffassung, daß die Befreiung der Sexualität den Patienten befreit und ihn gesund und entspannt macht, nach dem Motto: »Sexuelle Entfaltung macht das Individuum innerlich frei.« Das ist jedoch nicht der Fall, da die Sexualität nur einen Teil des Seelenlebens ausmacht und eine Teilentfaltung zwar positive Anstöße und Gesundungsprozesse auslösen kann, aber nicht automatisch den ganzen Menschen frei macht.

Wer nur seine Sexualität entfaltet und dabei seine seelische Liebesfähigkeit nicht gleichzeitig mit entwickelt, kann keine volle Befriedigung finden, und es bleibt ein Frustrationsrest bestehen. Warum das so ist und welche Folgen diese Tatsache für die Psyche hat, muß in einem späteren Kapitel noch näher erläutert werden.

Die Sexualität hat heute vor der Liebe eine Dominanz erreicht, so daß die eingangs erwähnte Trennung zwischen Liebe und Sexualität, aber auch die Bedeutung ihrer Gemeinsamkeit, nicht mehr richtig gesehen werden. Die Sexualität wird so wichtig genommen, daß sie oft mit Liebe verwechselt wird und daß geglaubt wird, ein sexuelles Erlebnis sei die Voraussetzung für die Liebe. Die Grenzen sind oft verwischt, so daß der einzelne nicht mehr weiß, ob er liebt oder nicht liebt.

Die Sexualität wird konsumiert wie jeder andere Genuß oder Reiz, aber sie wird nicht voll erlebt. Die Konsum-Mentalität ist eine innere Unfreiheit, weil sie zwanghaftes und süchtiges Verhalten hervorruft. Sexualkonsum zeigt keine Freiheit an und führt zu keiner inneren Befreiung, sondern baut, wo körperliche und seelische Spannung reduziert wird, an anderer Stelle neue seelische Spannung der Unausgefülltheit und Unzufriedenheit auf.

MYTHOS 2:

»Sexualprobleme gelöst – alle Probleme gelöst.«

Mit dem Mythos »Sexualität macht frei« ist zwangsläufig der Mythos verbunden, daß mit der Lösung der sexuellen Probleme sich alle anderen Probleme auflösen. Das ist jedoch eine große und grobe Vereinfachung, die allerdings verständlich ist, denn für viele sind Sexualprobleme von großer Bedeutung, sie werden davon ganz in Anspruch genommen, und es entsteht so die Meinung: »Wenn ich diese Probleme gelöst habe, dann kann es für mich eigentlich gar keine Probleme mehr geben.«

Jeder, der eine befriedigende sexuelle Beziehung erlebt hat oder erlebt, weiß, daß damit natürlich nicht alle Probleme gelöst sind. Ein befriedigendes Sexualleben ist eine wichtige Sache, und kein Psychologe oder Psychotherapeut wird dem widersprechen, aber die Psyche und das menschliche Leben sind komplizierter. Wer Hunger hat, denkt nur daran, wie er seinen Hunger stillen kann, aber sobald der Hunger gestillt ist, eröffnen sich neue Probleme. Ich möchte noch einmal sagen, daß die Sexualität nur ein Teil ist, sicherlich ein quälender Teil, wenn er keine Erfüllung findet, aber aus diesem Teil heraus können nicht die gesamte Psyche und ihre Probleme erklärt und gelöst werden.

Um den Mythos zu zerstören: Wenn die Sexualprobleme gelöst werden, sind nicht alle Probleme gelöst. Um alle Probleme zu lösen, muß die Liebe hinzukommen, aber nicht nur die Liebe zu einem speziellen Sexualpartner, sondern eine generelle Liebe, eine Entfaltung der gesamten psychophysischen Liebesfähigkeit.

Die Sexualität ist eine biologische Funktion, die den Menschen auf die Natur zurückverweist. Er glaubt, mit dem Verstand alle Probleme lösen zu können, und meint, daß rationales Verhalten und Vorgehen die Krönung des Menschseins seien. Das ist ein großer Irrtum. Er ist jeden Tag aufs neue seinem Körper, der Biologie und dem Sexualtrieb ausgeliefert; er kann das verleugnen, verdrängen, verschieben oder davor zu fliehen versuchen – es bleibt immer nur ein Versuch, der Biologie und den neben dem Verstand liegenden Realitäten zu entkommen. Es gibt kein Entrinnen vor dem eigenen Körper und seinen Bedürfnissen. Die sexuelle Problematik kann durch keine Tricks und Abwehrmechanismen beseitigt werden. Jeder muß sich jeden Tag neu mit der Sexualität auseinandersetzen, weil sie jeden Tag als Triebpotential neu auf ihn zukommt. Die Sexualität drängt sich auf, deshalb wirkt sie so fordernd und problematisch. Es geht also nicht darum, einmal eine befriedigende sexuelle Entfaltung zu finden, sondern eine Konzeption zu haben, die die tägliche Problematik zu leben hilft, ohne zu glauben, daß damit alle Probleme gelöst würden. In dieser täglichen Problemsituation ist ein Prinzip enthalten, das dem Leben Richtung, Stabilität und Sinnerfüllung gibt: Das ist die Liebe.

Ohne Liebe lassen sich keine Sexualprobleme lösen. Nur die Liebe schafft die Voraussetzung dafür, daß die Sexualität an Schönheit, Klarheit und seelischer Freude gewinnt. Sexualität ohne Liebe ist schal und leer, sie macht eher melancholisch und depressiv als dynamisch und aktiv. Wenn die Aussage lautete: »Liebesprobleme gelöst – alle Probleme gelöst«, könnte ich diesem Satz schon eher zustimmen.

MYTHOS 3:

»Der Orgasmus ist das Ziel der Liebe.«

Die sexuelle Triebenergie sucht ihre Entladung sowohl beim Mann wie bei der Frau im Orgasmus. Insofern ist der Orgasmus ganz sicher das Ziel, auf das die sexuelle Funktion hinausläuft, die mit der biologischen Aufgabe der Fortpflanzung verbunden ist. Die Fortpflanzung wurde so geregelt, daß sie mit gesteigerten Lustgefühlen verbunden ist, ein Trick der Natur, damit die Arterhaltung keine lästige Pflicht ist, sondern ein Vergnügen. Lust wird eher gesucht als Pflicht, und in Fragen der Fortpflanzung geht die Natur auf »Nummer sicher«.

Der lustvoll und befriedigend erlebte Orgasmus gibt die beste Gewähr dafür, daß er wiederholt wird und die Spezies Mensch nicht ausstirbt. Auf das Aussterben ist keine Art angelegt, sondern auf optimale Fortpflanzung und Arterhaltung in einem möglichst gleichgewichtigen Lebensraum. Die Erfüllung der sexuellen Aufgabe erfolgt unter biologischem Aspekt mit dem Orgasmus. Der Orgasmus ist also das Ziel der Sexualität, deren Aufgabe die Arterhaltung ist. Von Liebe wird hier nicht geredet, denn diese körperlichen Vorgänge sind nicht an Liebe gebunden. Wenn jedoch Liebe hinzukommt, um so besser, weil dann das sexuelle Erleben an Schönheit gewinnt.

Die Liebe sucht als Endziel der Entspannung nicht den Orgasmus, sondern sie findet ihre Befriedigung in jeder Form der seelischen und körperlichen Zuneigung. Die Liebe kann die Sexualität steigern und ein seelisches Glücksgefühl erzeugen, das ohne die Liebe nicht entstünde.

Es wurde mir immer wieder berichtet, daß das sexuelle Gesamterlebnis und schließlich der Orgasmus mit einem Partner, der nicht geliebt wird, weniger befriedigend empfunden wird als mit einem geliebten Partner. Wenn also die Liebe hinzukommt, kann die Gefühlstiefe und die Freude an der Sexualität gesteigert werden. Das weiß eigentlich jeder durch eigene Erfahrung, dennoch ist es wichtig, diese Tatsache festzuhalten und sich darüber weitere Gedanken zu machen.

Worauf es mir hier im besonderen ankommt, ist die Erkenntnis, daß der Orgasmus nicht das Ziel der Liebe, sondern der Sexualität ist und daß die Liebe nicht auf den Orgasmus ausgerichtet ist, sondern – anders als die Sexualität – eine breitere Funktion hat.

Sexualität hat von der Natur die Aufgabe erhalten, auf das Ziel »Orgasmus« hinzusteuern, während die Liebe nicht danach drängt. Liebe ist keine Bedingung für den Orgasmus und die Arterhaltung, sondern eine wunderbare Zugabe sowohl im Bereich der Sexualität als auch in jedem anderen Lebensbereich. Deshalb drängt die Liebe auch nicht auf den Orgasmus hin, sondern ist an dem sexuellen Triebgeschehen nur mitbeteiligt. Ihre Beteiligung ist aber von großer Bedeutung für das seelische Erleben, die seelische Befriedigung und das Lebensglück.

Vergleiche sind immer eine zweifelhafte Sache, dennoch versuche ich einen einfachen Vergleich, um mich plastischer verständlich zu machen. Die Liebe ist wie die Hefe im Kuchenteig, die bewirkt, daß der Teig aufgeht und der Kuchen besser schmeckt. Um den Hunger mit Kalorien zu stillen, ist die Hefe also nicht erforderlich. Anders ausgedrückt: Die Liebe ist ein Zusatz, ein Katalysator für die Seele, der dem Gesamtvorgang der Sexualität, der zuallererst ein biologischer Triebvorgang ist, zur vollen Schönheit und Blüte verhilft.

Diese Katalysatorwirkung hat die Liebe nicht nur bei der Sexualität, sondern auch in jedem anderen Lebensbereich. Ich kann meine Arbeit verrichten, um Geld zu verdienen; wenn jedoch die Liebe zur Arbeit hinzukommt, fühle ich mich wohler. Ich kann den Kontakt zu Mitmenschen als eine berufliche oder soziale Aufgabe ansehen, wenn jedoch die Liebe zu meinen Mitmenschen hinzukommt, fühle ich mich glücklicher. Ich kann einen Waldspaziergang machen, um für ausreichende Bewegung zu sorgen und Sauerstoff zu tanken, wenn ich jedoch die Bäume, die Gerüche, die Luft und die Abendstimmung mit meinen Sinnen liebend aufnehme, fühlt sich nicht nur der Körper erfrischt, sondern auch die Seele, und ich fühle mich glücklicher als zuvor.

Die Liebe ist ein generelles Prinzip, das zu allen Erlebensvorgängen hinzukommen kann. Alle Lebensvorgänge laufen auch ohne Liebe ab, der Orgasmus ist auch ohne Liebe möglich, ich werde auch ohne Liebe ausreichend mit Sauerstoff versorgt, ich kann auch ohne Liebe meine Pflicht erfüllen und ohne Liebe für Frau und Kinder sorgen, Politik betreiben, Auto fahren oder mit meinem Nachbarn reden. Und die meisten Menschen leben im Alltag auf diese Weise funktional, ohne den Zusatz der Liebe zu anderen und sich selbst. Viele leben sogar mit dem Zusatz Haß und Verachtung – um diese beiden Begriffe als Gegensatz der Liebe zu wählen. Ein Leben ohne Liebe, ja sogar mit Haß, ist möglich und weit verbreitet. Ein Orgasmus ist auch möglich, wenn man den Sexualpartner haßt; so sicher funktioniert die Sexualität im Dienst der Arterhaltung.

Mit der Beschreibung der ersten drei Mythen über die Liebe wurde deutlich, daß Liebe und Sexualität sich zwar verbinden können, aber nicht müssen. Die Loslösung der Liebe von der Sexualität ist für das weitere Verständnis der Liebe (als eine psychische Erscheinung) die Voraussetzung.

MYTHOS 4:

»Technik ist wichtig für eine befriedigende Sexualität.«

In den letzten 15 Jahren bestand der Ehrgeiz vieler Buchautoren (Psychiater, Psychologen, Mediziner oder Journalisten) darin, das Wissen über sexuelle Techniken der Luststeigerung zu vermehren. Ich habe nichts gegen Kenntnisse dieser Art einzuwenden, es stört mich jedoch, wenn ein solches Buch den Begriff »Liebe« im Titel führt, denn mit Liebe haben diese Techniken wenig zu tun. Vor allem können ausgefallene und »raffinierte« Stellungen die Liebe keineswegs steigern.

Es ist ein weitverbreiteter Irrtum unter Männern, daß die Beherrschung bestimmter Stellungs- oder Stimulierungstechniken die Partnerin besonders nachhaltig befriedigen könnte. Dabei gehen Männer von der irrigen Meinung aus, auf diese Weise würde eine Frau »sexuell hörig«.

Die sogenannte sexuelle Hörigkeit, wenn es sie überhaupt gibt, ist meist keine sexuelle Hörigkeit, sondern eine Bindung an die Persönlichkeit und Autorität des Partners. Sie entsteht nicht auf der sexuellen Basis aufgrund von besonderen Stimulierungstechniken, sondern ist eine Form der leidenschaftlichen Liebe, verbunden mit Unterordnungsbereitschaft und Autoritätsgläubigkeit; dabei spielt auch eine Neigung zum Masochismus hinein.

Doch egal, worauf die »sexuelle Hörigkeit« auch beruhen mag, wichtig ist, daß diese Art der Abhängigkeit für beide Teile nichts Erstrebenswertes ist, denn Abhängigkeit sollte nicht das Ziel einer Beziehung von zwei Menschen sein. Abhängigkeit bringt immer Leid, Schmerz, Kummer und Angst mit.

Ein Mann, der diese Abhängigkeit von einer Frau für sich selbst anstrebt oder sie von einer Frau erwartet, steht am Ende immer vor größeren Problemen, als er erwartet oder erhofft hat. Die Abhängigkeit oder Hörigkeit einer Frau ist zunächst für ein schwaches Selbstbewußtsein eine stärkende Empfindung, aber das Interesse erlahmt sehr schnell, wenn das Selbstbewußtseinsdefizit seine Schmeicheleinheiten erhalten hat. Die aufgebaute Hörigkeit wird dann zu einer abstumpfenden Gewohnheit und allmählich lästig.

Wenn jemand glaubt, daß er allein durch besondere sexuelle Technik diese Hörigkeit erzeugen könnte, so unterliegt er einem Irrtum, und er wird immer wieder enttäuscht werden. Wenn er sich auf die Technik konzentriert, dann setzt er seinen Verstand ein, er versucht, etwas zu leisten, Maßstäbe zu erfüllen, und die Sexualität wird so zu einer körperlichen Gymnastikübung degradiert. Durch den Einsatz des Verstandes, des Ehrgeizes und des Denkens wird das Gefühl weggedrängt oder gar ausgeschaltet, ich meine jetzt nicht das Körpergefühl, denn sexuelle Empfindungen sind sehr wohl vorhanden, sondern das Gefühl der Zuneigung, Wärme, Liebe, Geborgenheit, Bewunderung, Respekt, verbunden mit Mitgefühl, Hingabe und Selbstaufgabe.

Ich möchte auf keinen Fall so verstanden werden, als würde ich sexuelle Techniken der Luststeigerung verurteilen, für falsch oder gar »sündhaft« halten. Das wäre ein Rückfall in eine glücklicherweise überwundene Prüderie, aber ich beobachte immer wieder die Überschätzung der sexuellen Technik aufgrund des Glaubens, daß Technik Liebe erzeugen könnte oder Liebe bewahren könnte. Auf diesen Irrtum möchte ich hinweisen, damit jeder erkennen kann, daß es in einer Partnerschaft, die man aufbauen oder bewahren möchte, nicht in erster Linie auf sexuelle Technik ankommt, sondern auf die Liebe.

Wo in einer Beziehung Liebe ist, spielt die sexuelle Stimulierung keine dominierende Rolle, denn die Sexualität ergibt sich von allein, ohne daß der Verstand mit seinen gelernten Programmen etwas hinzutun müßte. Aus der Liebe heraus und nur aus ihr heraus ergibt sich von selbst die in der jeweiligen Situation angebrachte sexuelle Technik. Die Liebe ist schöpferisch, und sie findet im richtigen Moment das Richtige.

Geht man nur vom Verstand und dem gelernten Wissen oder der erlernten Erfahrung bei einem Partner aus und möchte das Wissen, die Technik anwenden, kann sich keine schöpferische Atmosphäre entfalten, weil man Regeln befolgt, sich wiederholt, und wo Regeln und Wiederholungen ablaufen, kann sich nichts Schöpferisches entwickeln, und das gesamte sexuelle Verhalten und Erleben bleibt überschattet von Routine, Gewohnheit, Banalität und Langeweile.

Wenn sich Liebe entfaltet und alle Technik vergessen wird und der Mensch mit seinen Sinnen wach auf den Augenblick reagiert, dann kann er sich schöpferisch in den Augenblick fallen lassen und sich freuen, wie auch der andere schöpferisch von der Situation bestimmt wird, nicht von einem technischen Lernprogramm, mag es noch so raffiniert und subtil durchdacht sein.

Wenn ein Mensch durch den Wald geht, mit einer Anleitung in der Hand, wie der Wald zu betrachten ist, auf welche Geräusche er zu achten hat, wie er die Weichheit des Mooses zu empfinden hat und welche Empfindungen das Ertasten der Baumrinde hervorbringen kann, dann empfinden wir das ganz spontan als lächerlich und dumm. Aber im sexuellen Bereich, der mit viel Angst und Dunkelheit verbunden ist, glauben wir, durch das Lesen einer Technikanleitung zu einem befriedigenden Erlebnis zu kommen.

Sie machen in der Regel nur einen Waldspaziergang, wenn Ihnen der Wald etwas gibt, wenn Sie es mögen, durch den Wald zu gehen, wenn Ihre Sinne offen sind. Genauso sollte es mit der Sexualität sein. Das wichtigste ist, alles zu lieben, was mit dem eigenen und fremden Körper zu tun hat, ein spontan positives Verhältnis zu den Körperempfindungen und zu dem anderen Körper zu haben, selbstverständlich verbunden mit viel Liebe für seine Individualität, seine Persönlichkeit, seine Einzigartigkeit, dann ergibt sich die schöpferische Freude aus jeder einzelnen Wahrnehmung und Empfindung von selbst.

MYTHOS 5:

»Liebe in der Jugend ist anders als im Alter.«

Es ist die Meinung weit verbreitet, daß Verliebtsein, Liebe und Sexualität eine Sache der Jugend sei und allenfalls bis zum vierzigsten oder fünfzigsten Lebensjahr im Leben eine Rolle spielte. Das ist natürlich ganz falsch, denn Verliebtsein und Liebe sind prinzipiell an kein Alter geknüpft. Selbst die Sexualität, die an alternde Körperfunktionen gebunden ist, ist in der Regel bis zum sechzigsten, siebzigsten und mitunter bis zum achtzigsten Lebensjahr funktionsfähig.

Dennoch ist für viele Menschen die Liebe in der Jugend anders als im Alter, denn in der Jugend ist sie neu und frisch, die Liebesfähigkeit beginnt sich zu entfalten, und in dieser Zeit neuer Erfahrungen werden Liebe und Sexualität besonders stark empfunden. Die Intensität der Empfindungen ist für viele in der Jugend stärker als mit zunehmendem Alter, da die meisten Menschen in einer Partnerschaft leben, in der die Liebe abgestumpft ist und die Sexualität eine uninteressante Gewohnheit geworden ist. Sie halten dennoch an der Partnerschaft fest mit der resignierenden Meinung, daß das »eben der Lauf der Dinge« sei.

Ist die Liebe eine psychische Energie, die sich entfaltet oder abstumpft? Die Liebesfähigkeit ist die Fähigkeit, die Außenwelt und auch sich selbst mit wachen Sinnen positiv wahrzunehmen. Die Voraussetzungen für die spätere partnerschaftliche Fähigkeit zum Lieben wird schon in der frühen Kindheit und Jugendzeit entwickelt, wenn der Sexualtrieb noch nicht ausgereift ist. Das Kind gebraucht seine Sinne, es liegt im Gras und nimmt die Gerüche der Wiese in allen Details wahr, es schaut in den Himmel auf die ziehenden Wolken und streichelt mit den Händen die Baumrinde, es läßt die feuchte Erde durch die Finger gleiten und geht selbstvergessen in diesen Empfindungen auf. Die Liebe zur Welt, zum Sonnenschein und zum Regen entwickelt sich über die sinnliche Erfahrung. Würden diese Erfahrungen ausbleiben, wäre die Sensitivität unterentwickelt, könnte später die Liebe zu einem Partner und zur Sexualität nicht in ihrer ganzen Reichhaltigkeit entfaltet werden, und die Sexualität wäre auf eine sachliche Triebfunktion beschränkt.

Die Liebeserfahrungen der frühen Jahre werden mit der ganzen Breite der Sinne gemacht, weil noch die Sensitivität aus der Kindheit einfließt. Der Erwachsene in den Großstädten der Industriegesellschaften wird jedoch meist Jahr um Jahr unsensitiver. Er geht täglich an seinen Arbeitsplatz, in die Fabrikhalle oder ein muffiges Büro, seine Sinne stumpfen mehr und mehr ab. Als Erwachsener, als Student und Berufstätiger wird er von seinen Sinnen entfremdet, denn was zählt, sind Leistung, Sachlichkeit, Intellekt, Erfolg – das Fühlen, die Emotionen sind eher störend und werden abgewertet und verdrängt. Das Gehirn des erwachsenen berufstätigen Menschen ist voll von Gedanken an Geld, Konsum und Erfolg. Alles kreist um den eigenen Status, um Konkurrenz zu anderen, um Vermögen, Kranken- und Altersabsicherung, um Erziehung der Kinder zur Leistung, um Sicherheit der Kinder und der Zukunft. Wenn das Gehirn voll ist mit diesen Inhalten, die sich täglich zwanghaft wiederholen, wird die Sensitivität und die damit verbundene Liebe zu den Wahrnehmungen vernachlässigt und beiseite geschoben. Der sensitive, liebende Kontakt geht so nach und nach verloren, sowohl zu der Natur, die uns umgibt, wie auch zum Partner, der nicht als Natur gesehen wird, sondern als Ehepartner mit bestimmten Aufgaben und Pflichten.

Die Wahrnehmungsfähigkeit stumpft im täglichen Einerlei ab, denn die Gedanken kreisen immer um dieselben Probleme wie Erfolg, Leistung, Konsum und Sicherheit. In dieser Stumpfheit, Eintönigkeit und Gleichförmigkeit erschöpft sich der Mensch, und er fühlt sich gestreßt von seinen Zwangsgedanken, die täglich gleich sind und deshalb ermüdend wirken und ihn nicht erfrischen und beleben können.

Der Mensch spürt, daß er mehr und mehr seine Lebendigkeit verliert, daß er seelisch stirbt, daß seine Liebesfähigkeit stirbt, und er wird darüber bitter und immer verhärteter. Deshalb ist die Liebe im Alter anders als in der Jugend. Mit zunehmendem Alter sind viele nicht mehr fähig, aufgrund ihrer Stumpfheit sensitiv wahrzunehmen, und so ist für Verliebtsein und Liebe kein Platz mehr. Die Liebesfähigkeit läßt nach mit der Unfähigkeit, mit den Sinnen neu und frisch wahrzunehmen.

Es ist mir wichtig, daß verstanden wird, daß dies kein natürlicher, unvermeidlicher Alterungsprozeß ist, sondern eine Frage der Lebensführung. Ein Sechzigjähriger, der sensitiv ist, der seiner Umwelt aufmerksam mit positiver Einstellung zugewandt ist und täglich sich selbst und die anderen mit neuen Augen wahrnimmt, ist selbstverständlich genauso liebesfähig wie ein Jugendlicher, denn nur der Körper altert und nicht die Seele. Die Seele bleibt immer jung, wenn sie meditativ und sensitiv ist. Deshalb muß die Liebe im Alter nicht anders sein als in der Jugend. Sie kann genauso frisch, intensiv und beglückend sein wie in der Jugend – sofern die Seele nicht abgestumpft ist.

Es ist eigentlich erstaunlich, daß viele Menschen im Alter so stumpf, bitter und liebesunfähig sind, denn sie alle haben nach dem Glück gesucht. Warum konnten sie es nicht finden, warum ist ihre Seele nicht jung geblieben? Sie sind die falschen Wege gegangen, sie glaubten, das Glück durch Sicherheit und Leistung zu finden, und glaubten, daß Sensitivität nicht so wichtig wäre. Sie wurden von niemandem aufgeklärt, und sie gingen deshalb den üblichen Weg der Abstumpfung, Sicherheit und Langeweile.

Es ist ernsthaftes Nachdenken über die Seele erforderlich, um den Weg der Sensitivität und Liebe überzeugt gegen den Strom der Mehrheit gehen zu können. Bei diesem Nachdenken stoßen wir nicht auf ein neues, modernes oder »schickes« Wissen, sondern auf alte und jedermann leicht verständliche und vor allem nachvollziehbare Erkenntnisse, die der einzelne in ihrer Bedeutung immer wieder vergißt oder unterschätzt.

MYTHOS 6:

»Die große Liebe dauert ewig.«

Die Liebe ist ein konstanter Begleiter in unserem Leben, insofern ist sie ein Faktor, den der Mensch während seines Lebens nicht loswerden oder »abschütteln« kann. Ein Leben ist dann glücklich, wenn es dem Menschen gelingt, seine Liebesfähigkeit täglich neu zu entfalten.

Mit »großer Liebe« ist jedoch die Liebe zu einem Partner gemeint, eine besonders starke Liebe, die aufgrund dieser Stärke ewig (damit ist gemeint: das ganze Leben bis zum Tod) andauert, hierbei zwar Schwankungen unterworfen sein kann, aber nie zerstört werden kann.

Die »große Liebe« ist nach dieser weitverbreiteten Auffassung ein schicksalhaftes Ereignis, das dem Menschen begegnet und das wegen seiner Größe und Gewaltigkeit ewig dauert. Das ist natürlich Unsinn, denn jeder Mensch ist für seine Liebe selbst verantwortlich, sowohl was die Größe (Intensität) als auch die Dauer anbelangt. Eine intensive Liebe (dieser Ausdruck gefällt mir besser als die sogenannte »große Liebe«) kann kurz andauern, und eine abgestorbene Beziehung kann in der Institution Ehe und Moraleinstellung des Menschen lebenslang bestehen.

Doch die Frage läuft darauf hinaus: Kann eine intensive, ehrliche und mich bewegende Liebe lange andauern, vielleicht ein Leben lang, ohne nachzulassen? Dieser Gedanke beschäftigt sehr viele Menschen, denn die Liebe sollte aufgrund unserer

Ehegesetze möglichst lange halten, da die Ehe ja eine Liebes- und Lebensgemeinschaft sein soll. Außerdem lebt es sich in einer lebenslangen Ehe besser mit als ohne Liebe. Wenn die Liebe rasch vorüberginge, dann stünde das im Gegensatz zu der Absicht, die Ehe auf Lebenszeit abzuschließen. Man geht aber mit der Hoffnung in die Ehe, daß die Liebe ein Leben lang hält. Manche gehen sogar in die Ehe mit der Vorstellung, daß sich die Liebe noch entwickelt und dann bis ins Alter andauert.

Was ist dazu psychologisch zu sagen? Die Meinung der Psychologen ist hierbei nicht unbedeutend, dennoch sollten wir uns darüber klar sein, daß die Ehe als Institution viel länger besteht als die Psychologie und daß hier offenbar andere Kräfte am Werk sind, die mit Seelenkunde nichts zu tun haben und auch nichts zu tun haben wollen.

Zur Liebe gehört eine Fähigkeit, die nicht automatisch jeder Mensch besitzt, sondern die in der Kindheit und Jugend erworben wird und die dann abstumpfen kann oder sich weiterentwickelt. Zu lieben ist die Fähigkeit, wach und aufmerksam sensitiv wahrzunehmen, mit offenem Herzen, mit Aufgeschlossenheit. Man macht die Fenster der Seele weit auf und läßt hereinkommen, was der Tag, die Stunde, der Augenblick bringt. Liebe ist nicht möglich, wenn einer sein Herz und seine Seele abkapselt, wenn er sich verschließt und nach Sicherheit strebt.

Liebe ist nur dann möglich, wenn völlige Offenheit herrscht, wenn die Sinne wach sind, wenn die Seele bereit ist zu empfinden, wenn ich verletzlich und empfänglich für das Neue des Tages bin. Liebe ist etwas, das aus dem Augenblick heraus entsteht und das man deshalb nicht festhalten kann, sondern das nur im Augenblick lebendig ist. Wenn man den geliebten Partner festhalten oder gar besitzen will, ist das zwar in einer Gesellschaft, die besitzorientiert ist, verständlich, aber es ist andererseits unter psychologischem Aspekt so, daß sich die Liebe nicht besitzen läßt. Im Gegenteil, sobald die Besitzgier hinzukommt, gerät die Liebe in allerhöchste Gefahr. Wenn man besitzen will, kann man nicht mehr unschuldig und frei betrachten, der Blick ist verkrampft und getrübt, die Sinne verlieren an unvoreingenommener Aufnahmefähigkeit. Wenn es einem also wirklich um die Liebe zu tun ist – und wann geht es in einer Konsumgesellschaft wirklich nur um die Liebe und um sonst nichts? –, sollte man nicht besitzen wollen und sich keine Gedanken um die Dauer der Liebe machen. Die Liebe und die Lebendigkeit entfalten sich im Augenblick wie der Duft einer Blume. Bin ich fixiert auf diese Blume, wird der Duft ganz sicher sterben, bin ich mit dem Augenblick zufrieden, dann wird sich der Augenblick wiederholen lassen, ohne daß ich auf Wiederholung aus bin.

Die Liebe zu einem Menschen ist gefährdet, wenn ich unreif bin in meinem Verlangen und wenn dieselbe Unreife beim anderen noch hinzukommt. Bin ich jedoch nicht gierig, besitzdenkend, ängstlich und sicherheitsorientiert, dann kann sich täglich neu die Liebe entfalten, wenn ich meine Sinne öffne. Sie kann sich gegenüber diesem einen Menschen entfalten, das muß jedoch nicht so sein, denn Offenheit, wenn sie wirklich offen ist, bedeutet ein sich Aussetzen der Unsicherheit, ist Verletzlichkeit und tägliche neue Frische. Diese schöpferische Haltung giert nicht nach der Wiederholung einer Empfindung vom Vortag, sondern ist stets auf den Augenblick eingestellt, ihr offenbart sich die Schönheit und Häßlichkeit von heute, nicht die von gestern.

Wer nach dem Gestern schielt, lebt nicht wirklich sensitiv in der Gegenwart, seine Liebesfähigkeit ist unterbrochen, sie ist übergegangen in Gedanken an Sicherheit, Festhalten, Pflicht, Treue usw. Das sind alles andere Dinge als die Liebe selbst. Wer Treue sucht, dem bedeutet Treue mehr als Liebe, und er sollte deshalb auch von Treue reden, nicht von Liebe.

Die Liebe entfaltet sich im Augenblick, und der Augenblick enthält Ewigkeit. Das ist jedoch nicht gemeint mit der »ewigen Liebe zu ein und demselben Partner«. Diese Liebe gibt es nur von Augenblick zu Augenblick, und jeder Augenblick ist anders. Diese Liebe dauert nur ewig, wenn sich die beiden Menschen immer wieder neu begegnen können; wenn sie die Ewigkeit ihrer Beziehung mit dem Denken und Willen anstreben, dann haben sie ihrer Liebe schon den Todesstoß gegeben. Warum das so ist, wird durch das weitere Einkreisen des Phänomens Liebe im Laufe dieses Buches noch deutlicher werden.

MYTHOS 7:

»*Eifersucht gehört zur Liebe.*«

»An der Eifersucht zeigt sich die Liebe«, wird mir oft gesagt. Und dann meist einige Atemzüge hinterher: »Was kann ich gegen meine Eifersucht tun?« Die Eifersucht ist etwas Alltägliches, und wir machen uns das Leben und die Liebe mit ihr schwer. Wir halten die Eifersucht für eine Begleiterscheinung der Liebe, mit der man sich zwar abzufinden hat, aber mit der man auch »fertig werden« möchte.

Kann man Eifersucht überwinden? Überwinden kann man sie nicht, das wäre immer ein Krampf, eine seelische Kraftanstrengung, die letztlich in Abwehrtechniken mündet.

Zunächst möchte ich die Gründe für die Eifersucht untersuchen. Hinter der Eifersucht ist die Angst verborgen, das, was man liebt, zu verlieren, nicht mehr geliebt zu werden, weil ein anderer Mensch dazwischentritt und mir das »Liebesobjekt« oder auch nur einen Teil davon wegnimmt.

Viele sind sogar auf das Hobby ihres Partners eifersüchtig, und sie möchten am liebsten die gesamte Zeit, das ganze Denken einnehmen. Dieser Wunsch, daß der Partner sich möglichst mit nichts beschäftigt, was er mag, ist eine Angst davor, daß er in einer Tätigkeit, einem Hobby, einer Sportart usw. aufgeht, etwas, das ihn vorübergehend glücklich macht, ein Glück, an dem der eifersüchtige Partner nicht teilhaben kann.

Der extrem Eifersüchtige hat Angst, den Partner zu verlieren, wenn dieser sich einer Tätigkeit zuwendet, die er liebt. Die extreme Eifersucht ist also auf jede Liebe des Partners eifersüchtig, nicht nur auf eine erotische Beziehung zu einem anderen Menschen. An dieser extremen Eifersucht ist die egoistische Einstellung besonders gut zu erkennen, aber auch die extreme Angst, den Partner nicht genügend an sich binden zu können. An diesem Extrembeispiel ist außerdem gut die Belastung für den auf diese Weise in Besitz genommenen Menschen zu erkennen. Er fühlt sich von dieser Art Liebe erdrückt, gefesselt und in der Entfaltung seiner Persönlichkeit eingeschränkt.

Wenn die Eifersucht nur auf Personen des anderen Geschlechts beschränkt ist, erscheint sie normaler, vor allem auch, weil sie so weit verbreitet ist, daß eigentlich jeder diese Eifersucht kennt und schon an sich selbst und an anderen erlebt hat. Diese Eifersucht wird deshalb akzeptiert und für psychisch durchaus normal und gesund gehalten. Das hat sich so eingebürgert, und die meisten denken deshalb nicht weiter darüber nach, für sie ist diese Eifersucht verständlich, sie fühlen selbst so, und sie gestehen deshalb dem Partner das gleiche Gefühl zu. Die Eifersucht gehört zur Liebe, darüber scheint es keinen Zweifel zu geben.

Denkt man jedoch etwas umfassender darüber nach und schiebt einmal alle bekannten Vorurteile beiseite, so ist die Liebe ein seelischer Vorgang, der mit der Eifersucht zunächst nicht automatisch verknüpft ist. Wenn ich liebe, dann spüre ich ein positives Gefühl der Zuneigung, Zärtlichkeit, Aufmerksamkeit, Achtsamkeit und auch Respekt. Ich will den Menschen zunächst nur lieben, ihm meine Liebe geben, ich will ihn also nicht besitzen, verändern oder einschränken.

Die Liebe beginnt zunächst damit, daß ich bereit bin, zu geben und zu fördern. Danach entsteht der Wunsch, zu bekommen und selbst gefördert zu werden. Wird der Wunsch erfüllt und beide Partner geben sich zu verstehen, daß sie sich lieben, klinkt bei den meisten Menschen der Besitzanspruch ein: »Ich liebe diesen Menschen, er liebt mich, nun gehört er zu mir und ich zu ihm.« Dieser Besitzanspruch ist ein großer Fehler, er ruft die Eifersucht hervor, und daraus entsteht großes seelisches Leid für beide.

Daß der Besitzanspruch auftaucht, ist in einer kapitalistischen Konsumgesellschaft verständlich. Der Besitz ist eine entscheidende Erfahrung, die für jeden, der in dieser Gesellschaft heranwächst, von prägender Bedeutung ist. Der Besitz von Konsumgütern ist eine Selbstverständlichkeit, und die Übertragung auf das Liebesobjekt erscheint auch verständlich, denn jede Liebe läuft auf die Entscheidung zu einer Ehegemeinschaft hinaus, und diese Gemeinschaft ist in starken Ausmaßen eine Wirtschaftsgemeinschaft, in der gemeinsamer Besitz angeschafft und verwaltet wird.

Wir müssen uns jedoch darüber klarwerden, daß die Liebe in ihrer ursprünglichen und eigentlichen Form mit Besitzgütern und Besitzverwaltung nichts zu tun hat. Die Liebe ist in ihrer reinen Form am schönsten, wenn sich zwei Menschen ohne Gedanken an Besitz begegnen und nur sich selbst sehen, also sich und den anderen nicht als Ware betrachten.

Wir sind Waren auf dem Persönlichkeitsmarkt der Liebe. Mädchen und Frauen sind das, wenn sie sich »schön machen«, um ihre Anziehungskraft zu testen, und Männer sind das, wenn sie mit Statussymbolen protzen, um ihre Finanzpotenz zu demonstrieren. Um richtig verstanden zu werden, möchte ich erwähnen, daß ich nichts dagegen habe, wenn sich Frauen schminken, um »hübsch« zu sein, und wenn Männer einen Sportwagen fahren, weil ihnen Autofahren Freude macht. Das zu verurteilen wäre ein Puritanismus, um den es hier überhaupt nicht geht, denn Lebensfreude ist eine wichtige Voraussetzung für eine gesunde Psyche. Ich möchte jedoch bewußtmachen, daß die Motive neben der Lebensfreude auch darin bestehen können, den eigenen Warenwert als Persönlichkeitsware zu steigern, sich besser zu »verkaufen«. Wer sich auf diese Weise verkaufen will, der ist dann meist auch sehr schnell verkauft, und er wird im Bereich der Liebe mit seiner Eifersucht und der des Partners konfrontiert.

Neben dem Besitzanspruch und der Verteidigung des Besitzes spielt auch die unbewußte Angst vor der Getrenntheit eine Rolle. Dies hängt mit der Kindheitsentwicklung zusammen und der in dieser Zeit vorherrschenden Angst vor der Getrenntheit von den Eltern und der Angst, schutzlos der Umwelt und ihren Gefahren ausgeliefert zu sein. Die Angst davor, die Liebe der Eltern zu verlieren, ist die erste erlebte Angst, die nebenbei auch mit materiellem Sicherheitsdenken verknüpft ist.

Würden die Eltern ihre Kinder anders erziehen, mit wirklicher Liebe, dann würde diese Angst keine Rolle spielen. Aber das liebesbedürftige Kind erhält meist nicht die existentielle Liebe, die es braucht, um sich sicher zu fühlen, um Vertrauen zu den Menschen, der Welt und auch zu sich selbst zu entwickeln. Dieses Mißtrauen und die damit empfundene Angst läßt kein Vertrauen entstehen, und das Mißtrauen wird später auf den Partner übertragen, und die Angst, ihn zu verlieren, ist stets gegenwärtig. Es besteht kein Vertrauen in die eigene Liebesfähigkeit und auch nicht in die Liebesfähigkeit des Partners. So geht die Kindheitserfahrung der mangelnden Liebe mit dem materialistischen Konsum- und Besitzdenken eine verhängnisvolle Einheit ein, und es erscheint »ganz normal«, daß man Angst hat, die Liebe als Besitz zu verlieren, und man eifersüchtige Reaktionen an sich und am Partner erlebt.

Wer in der Liebe glücklich werden will, muß also zwei Dinge aus seinem Denken hinauswerfen, einmal die Angst, nicht genügend geliebt zu werden, und das Bedürfnis, das Liebesobjekt besitzen zu wollen wie einen materiellen Besitzgegenstand. Viele Leser werden fragen, wie soll das gehen, wie soll ich das praktizieren, wenn in der Seele Angst und Besitzenwollen so tief verwurzelt sind?

Die Antwort ist einfach: Konzentrieren Sie sich auf Ihre Liebe und nur auf sie. Liebe will Liebe geben, fördern, Zärtlichkeit geben, aufmerksam betrachten, Respekt haben. Wer sich darauf konzentriert, der ist liebesfähig und wird durch *seine Liebe* glücklich werden. Wer besitzen will und Angst hat, wird seine Liebesfähigkeit schwächen und alles verlieren.

MYTHOS 8:

»Die Liebe ist ein Ereignis des Schicksals.«

Die Mythologisierung der Liebe kommt besonders deutlich in der Schicksalsgläubigkeit zum Ausdruck. Der Jugendliche erwartet von der Liebe eine schicksalhafte Begegnung mit einem Menschen, mit dem er das ganze Leben verbringen möchte, und der ältere Mensch mit langjähriger Eheerfahrung glaubt, daß ihm das Schicksal den »richtigen« oder »falschen« Partner beschert hat.

Die Schicksalsgläubigkeit ist eng verbunden mit dem Glauben an den »einen Partner«, der zu einem paßt wie ein Schlüssel ins Schloß. Ich höre immer wieder: »Ich suche den einen Menschen, der für mich bestimmt ist, das ist dann die große Liebe. Wenn ich diesem Partner begegne, weiß ich wahrscheinlich sofort, der ist es!« Fast jeder glaubt, daß es diese »schicksalhafte Bestimmung füreinander« gibt, und fast jeder sucht mehr oder weniger unbewußt nach einer solchen Begegnung. Von Kindheit an sind wir durch Informationen der Eltern, durch Romane und Illustriertenratschläge auf diesen Gedanken von der »einen großen, schicksalhaften Liebe« festgelegt.

Mit diesem Vorurteil kann erst Schluß sein, wenn man bereit ist, intensiver über die Liebe nachzudenken. Zunächst möchte ich klarstellen, daß Liebe nicht etwas ist, das schicksalhaft über den Menschen hereinbricht als ein Ereignis, das von außen kommt, dem man deshalb willenlos ausgeliefert wäre. Liebe ist immer eine Frage der Bereitschaft: Ich muß offen und aufgeschlossen sein, den anderen in mich aufnehmen und dazu bereit sein, ihn möglicherweise zu lieben. Wenn diese Bereitschaft fehlt, weil ich beispielsweise zur Zeit in einen anderen Menschen verliebt bin, dann entsteht auch aus einer Begegnung nichts weiter als eben eine Begegnung, die mich kaltläßt.

Die Bereitschaft, sich zu verlieben, erhöht die Wahrscheinlichkeit, daß bei einer Begegnung Verliebtheit entsteht. Diese Bereitschaft ist eine wichtige Voraussetzung für Liebe und zerstört schon einen Teil der Schicksalsgläubigkeit. Nun kann eingewendet werden, daß die Bereitschaft zwar wichtig wäre, aber deshalb nach wie vor die eine große Liebe existiert, und es wäre eben Schicksal, sie zu finden.

Die eine große Liebe gibt es nicht, es wäre sinnlos, danach suchen zu wollen, und noch sinnloser, auf sie zu warten. Wenn ein Mensch liebesfähig ist und Bereitschaft zur Liebe besitzt, dann kann er sich leicht verlieben, und jede Verliebtheit hat zunächst die gleiche Qualität. Hier machen die meisten auch keinen Bewertungsunterschied. Das Stadium der Verliebtheit ist immer schön, himmlisch, rosarote Brille, auf Wolken schwebend, hinreißend.

Die Bewertung erfolgt etwas später, wenn die sexuelle Intimität erfolgt ist und man mehr voneinander weiß. Dann setzt der Verstand ein, der sich Gedanken macht: sozialer Status, Beruf, Weltanschauung, Religion, Lebensphilosophie, Bildung, Geld usw. Überlegungen zu diesen Problemkreisen haben nichts mit dem Gefühl der Liebe zu tun, denn hierbei geht es um die Frage: Will man mit diesem Menschen eine Partnerschaft eingehen und eventuell eine Ehe gründen? Der Verstand stellt die Frage: Ist es die eine große Liebe? Diese Überlegung hat nichts mit der Liebe zu tun, darüber muß man sich klarwerden, sondern sie ist eine Testfrage, bei der andere Faktoren als die Liebe ins Spiel gebracht werden. Geht der Test positiv aus, ist man also mit Status, Bildung, Beruf, Lebensphilosophie, Religion und Lebensstil des Partners einverstanden, ist man bereit, die Liebe sich weiter entfalten zu lassen; geht der Test jedoch negativ aus, überwiegen also die Bedenken, betrachtet man die Beziehung kritischer, man beginnt sich zu zanken – und dann war es nicht die große Liebe.

Nun wird immer wieder der Einwand vorgebracht, es gäbe die ganz große Leidenschaft, die sich über Status, Bildung usw. hinwegsetzt (Adliger heiratet Bürgerliche, Industrieller heiratet Arbeitertochter), und darauf käme es an. Darauf basieren die meisten spannenden Liebesromane, sie vermitteln die schöne Geschichte, in der die Liebe über den Verstand triumphiert. Und so möchte jeder geliebt werden, gegen alle widrigen Umstände, nur um seiner selbst willen, alle Grenzen der Bildung, der Nationalität und Religionen überschreitend; das ist dann eine wirklich große Liebe.

Aller Ironie zum Trotz ist das tatsächlich eine große Liebe, in der nur die Liebe zählt und sonst nichts. So sollte es tatsächlich sein, und weil es selten geschieht, fühlen sich viele Menschen von einem solchen Ereignis magisch angezogen, zu Tränen gerührt, ihre eigene innere Verhärtung bricht für kurze Zeit auf, und sie können nachvollziehen, was es heißt, zu lieben und geliebt zu werden.

Nun kommt für den Romanleser der Pferdefuß, der ihm im Roman meist erspart bleibt. Ein wirklich liebesfähiger Mensch, für den nur die Liebe zählt und der sich mit Bereitschaft und Offenheit anderen Menschen liebend zuwenden kann, ist nicht treu, schon gar nicht ein Leben lang. Treue gilt als unumstößliche Tugend. Ein guter Mensch hat treu zu sein – auch ein Vorurteil, das unter psychologischer Betrachtung nicht haltbar ist. Ein Mensch, der lieben kann, bleibt der Liebe treu, aber für ihn ist es wichtiger zu lieben, als treu zu sein.

Ein liebesfähiger Mensch kann denselben Menschen immer wieder lieben, aber er versteht nicht, warum er nicht gleichzeitig noch andere Menschen lieben dürfen sollte. Wenn jemand die Natur und die Tiere liebt, so würden wir es eigenartig, vielleicht sogar krankhaft finden, wenn er ein ganzes Leben lang nur einen Baum, eine Landschaft oder eine Katze liebt. Wir würden das als eine zwanghafte Fixierung ansehen. Bei der Liebe zum anderen Geschlecht gilt diese zwanghafte Fixierung jedoch nicht als Krankheit, sondern als über jeden Zweifel erhabene, große, schicksalhafte Liebe. So wird es dargestellt, so wird auch von Psychologen geschrieben, und so wird es millionenfach geglaubt und auch gehofft. Welch ein gigantischer Selbstbetrug!

Dieser Selbstbetrug ist nur möglich, weil wir diese schreckliche Angst haben, verlassen zu werden, nicht genügend geliebt zu werden, weil die Liebe ein ganz wunder Punkt in der Seele und in unserem Bewußtsein ist, weil wir auch Angst davor haben, selbst zu lieben, weil wir nach der Ehe als Wirtschaftsgemeinschaft schielen, weil wir Geborgenheit suchen; dafür sind wir bereit, uns selbst krankhaft zu fixieren und diese Fixierung von einem anderen zu fordern. Wir sind bereit, aneinander krank zu werden und, was als eine hoffnungsvolle Liebe begann, systematisch zu einem langen Leidensprozeß aneinander zu machen.

Die Wahrheit über die Liebe zu schreiben, ist kein angenehmes Unterfangen, denn es werden beim Leser sicherlich Ängste geweckt und viele Abwehrreaktionen, unter anderem auch Aggressionen gegen den Autor. Unter diesem Aspekt ist dieses Buch ein undankbares Thema, und es ist deshalb auch nicht verwunderlich, daß es so wenig psychologische Literatur zum Thema Liebe gibt.

MYTHOS 9:

»*Der Mensch kann nur eine oder höchstens zwei große Lieben erleben.*«

Die Liebe ist kein seltenes, einzigartiges Ereignis des Schicksals, sondern sie kann und sollte etwas Alltägliches sein. Der Mensch kann nicht nur eine oder höchstens zwei große Lieben erleben, wenn er wirklich liebesfähig ist, sondern er kann sich sehr oft verlieben und zu vielen Menschen Liebe empfinden. An dieser Stelle taucht eine beliebte Frage auf: »Kann man zu gleicher Zeit zwei oder drei Menschen lieben?« Die Verliebtheit, vor allem bei einem Menschen, der ausgehungert nach Liebe ist, kann die Psyche so stark in Anspruch nehmen, daß in diesem Zustand kein Platz ist für eine zweite Verliebtheit. Von der starken Gefühlsgeladenheit der Verliebtheit einmal abgesehen, kann ein liebesfähiger Mensch mehrere Menschen gleichzeitig lieben, wobei er alle mit gleicher Intensität liebt, obwohl sie alle verschieden sind.

Da wir jedoch in der Regel an die »große Liebe« glauben, die angeblich so selten ist, ist verständlich, daß man jemand für einen schlimmen Don Juan hält, der angibt, zur gleichen Zeit zwei Menschen wirklich zu lieben. »Du mußt dich für einen entscheiden«, raten deshalb die Freunde. Sie wollen nicht glauben, daß man zwei Menschen zur gleichen Zeit wirklich »echt« lieben kann.

Gerade die reine Liebe, die nicht getrübt ist durch das Auswahldenken für eine lebenslange Lebensgemeinschaft, ist zu mehreren Partnern möglich. Das ist psychologisch verständlich, aber der konventionell oder traditionell denkende Mensch wird es nicht verständlich finden, weil es nicht in sein Konzept von der auf Liebe gegründeten Lebens- und Wirtschaftsgemeinschaft paßt.

Wenn wir hier von der Liebe reden, so wollen wir aufklären, was Liebe psychologisch ist, welcher Vorgang sich hierbei abspielt, und wir müssen davon absehen, was ein Jurist, Politiker, Lehrer, Pfarrer oder Philosoph über die Liebe denkt, sagt oder schreibt.

Ein Mensch, der liebesfähig ist, also dafür aufgeschlossen ist, andere zu lieben, für den gibt es keine Grenzen irgendwelcher Art. Die Liebe überwindet alle Barrieren der Tradition, denn die Liebe selbst birgt das Geheimnis der Erfüllung und des Lebensglücks, alles andere verblaßt dagegen und wird unwichtig, selbstverständlich auch das Tugendprinzip der Treue. Ein liebesfähiger Mensch lebt, um zu lieben, und er fragt nicht nach der großen Liebe, für ihn ist jede Liebe eine große Liebe, es gibt da keine Unterschiede. Unterschiede liegen zwar in der Individualität der verschiedenen Menschen, die er liebt, aber er liebt die Unterschiede nicht mit unterschiedlicher Intensität, er liebt dieses Individuelle und jenes Individuelle, aber beides ist ihm gleich wichtig, es gibt keine »große« Liebe mehr, keine Fixierung, sondern nur noch den Fluß des Lebens, die Wechselhaftigkeit alles Lebendigen.

Oft höre ich den Einwand, wer häufig andere Partner liebt, der hätte einen besonders ausgeprägten Sexualtrieb oder er hätte Selbstbewußtseinsstörungen und müßte sich immer wieder selbst bestätigen und nach Anerkennung ringen. Zunächst zum Argument »Sexualtrieb«. Wer allein nach dem sexuellen Erlebnis sucht, sucht nicht die Liebe, sondern den sexuellen Genuß. Davon war nicht die Rede, denn Liebe und Sexualität müssen getrennt gesehen werden, obwohl die Sexualität zur Liebe gehört.

Vor allem dürfen Sexualität und Liebe nicht gleichgesetzt werden, wie ich schon mehrfach betonte. Die Liebe ist als psychisches Erlebnis immer übergeordnet zu sehen, sie wird durch die Sexualität nur bereichert. Wer in erster Linie die Sexualität sucht, hat mit Liebe nicht viel im Sinn, er kann allerdings durch auftauchende Liebesgefühle angenehm überrascht werden.

Der in der Liebe treue Mensch, der einen sexuellen Seitensprung begeht, glaubt, auf diese Weise die hochgehaltene Liebe zu bewahren. »Was bedeutet schon die Sexualität?« sagt man dann plötzlich. Die Liebe wird verschlossen, die Sexualität darf sich entfalten.

Warum nicht umgekehrt? Die Liebe darf sich entfalten und die Sexualität dann zwangsläufig auch. In der Liebe gilt Treue, in der Sexualität wird eine Untreue schon mal verziehen, sofern die Liebe treu bleibt.

Das viel Wichtigere ist jedoch die Liebe. Sie sollte sich entfalten können, dann spielt die Sexualität keine abgetrennte Rolle mehr, sie kann dann dazugehören oder auch ausgeklammert werden. Sie sollte erst in zweiter Linie kommen.

Auf die Liebe kommt es an, dann ergibt sich die Sexualität von selbst. Ist die Liebe da, dann ist auch die Sexualität schön. Ist nur die Sexualität ohne Liebe da, dann fehlt der Beziehung die Schönheit, der Glanz, die Freude, das tiefempfundene Glück, die Geborgenheit, die Lebensfreude, die Lösung der Spannung, das Gefühl der Erfüllung und Schönheit des Lebens: Es fehlt der Sinn.

Der Sinn ist nicht die Treue, die Lebensgemeinschaft, die Zukunft, die Planung und Fixierung, sondern allein das Erlebnis der Liebe. Die Liebe ist erfüllend genug, sie braucht keine anderen Attribute. Die Liebe fragt auch nicht nach groß oder gering, nach stark oder schwach. Das wäre die Frage des Neurotikers, des verängstigten und frustrierten Menschen. Die Liebe ist immer groß genug, sie genügt sich selbst in ihrer Bedeutung, und wenn sie da ist, verstummt die Frage nach Größe und Schicksal. Wenn die Liebe da ist, dann schweigt das Denken; leider (bei den meisten Menschen) nur für eine kurze Zeit. In dieser kurzen Zeitspanne wird der Sinn des Lebens erlebt, sie ist deshalb kostbar, für viele der einzige Moment, der sie hinterher jahrelang, jahrzehntelang traurig macht, weil sie ihn verloren haben und nie mehr wiedergefunden haben.

Der liebesfähige Mensch erhält etwas geschenkt, das nicht käuflich ist, das nicht mit Besitz, Geld und Ruhm erworben werden kann, sondern nur mit Offenheit, mit Wachheit und Aufmerksamkeit. Die Liebe ist ein Geschenk des Lebens, das wir annehmen können oder das wir ausschlagen müssen. Wer es wirklich annehmen will, kann nicht mehr zurück in das traditionelle Denken von Treue, Besitz und Schicksal.

2.

LIEBE IST MEHR, ALS WIR BISHER WUSSTEN

»Das Wesen der Liebe zu analysieren heißt festzustellen, daß sie heute nur selten erlebt wird; es heißt aber auch, die sozialen Bedingungen zu kritisieren, die dafür verantwortlich sind. Der Glaube an die Möglichkeit der Liebe als ein allgemeines und nicht nur ausnahmsweises individuelles Phänomen ist ein rationaler Glaube, der auf der Einsicht in das Wesen des Menschen beruht.«
ERICH FROMM

Viele machen es sich sehr einfach mit der Liebe. Sie warten passiv, bis sie sich ereignet, denn sie glauben, daß die Liebe etwas ist, das geschieht, ohne daß man etwas dazutun müßte. Es ist ein verhängnisvoller Irrtum, auf die Liebe als ein Ereignis zu warten, als eine Art Erlösung durch den Märchenprinzen.

Die Vorstellung von der Liebe als eines schicksalhaften gewaltigen Ereignisses, das schlagartig eintrifft und deshalb passiv herbeigesehnt wird, ist weit verbreitet. Auf die Liebe zu warten ist eine verhängnisvolle Einstellung, denn dadurch bringt man sich selbst und sein Leben in eine abwartende Position. Die Liebe ereignet sich aber nicht in der Passivität, denn sie ist Aktivität.

Wenn sie Aktivität ist, dann ist sie eine Handlung oder ein

Verhalten, das sich erlernen läßt. Ich sprach bereits von der Bereitschaft zu lieben, die vorhanden sein muß, damit Liebe sich konkret in der Realität entfalten kann.

Wir erlernen Fremdsprachen, Rechentechniken, wir erfahren etwas über Physik, Biologie und Religion in der Schule, aber so gut wie nichts, außer einigen Mythen und Vorurteilen, über die Liebe. Die Ansicht ist weit verbreitet, die Liebe könnte nicht erlernt werden, denn sie sei persönliches Schicksal.

In der Liebe ist jeder auf sich allein gestellt und muß sich auf das verlassen, was ihm Eltern an Meinungen vermitteln, Meinungen, die häufig von Resignation gefärbt sind. Über die Liebe wird entweder gespottet, oder sie wird in strahlendem, kitschigem Glanz dargestellt. Über die psychologischen Hintergründe der Liebe, und wie man sie aktiv verwirklicht, erfahren wir meist nichts von den Eltern, den Lehrern, den Professoren. Liebe ist kein Unterrichtsfach, sie wird nirgendwo gelehrt. In Buchhandlungen und Büchereien finden wir allenfalls Bücher über sexuelle Techniken und Ratgeber zum Thema »Ehe und Partnerschaft«. Über die Liebe und wie sie sich entwickelt, wie man sie entfaltet, wie man sie kennenlernt und Liebesfähigkeit erlernt, erfahren wir so gut wie nichts. Das einzige mir bekannte von einem Psychologen und Psychotherapeuten geschriebene Buch zum Thema »Liebe« stammt aus der Feder von Erich Fromm und ist unter dem Titel »Die Kunst des Liebens« erschienen.

Für Fromm ist Lieben eine Kunst, die man erlernen muß, und zwar als eine Praxis, nicht als eine Theorie. Erich Fromm hat als einer der ersten Psychologen eindringlich darauf hingewiesen, daß Lieben eine Tätigkeit des Menschen ist, eine Aktivität, die man erlernen kann und muß, um das Problem der eigenen menschlichen Existenz zu beantworten und zu lösen. Als Ergänzung zu diesem Buch möchte ich Fromms Buch jedem zur Lektüre empfehlen, vor allem die beiden letzten Kapitel »Die Liebe und ihr Verfall in der zeitgenössischen westlichen Gesellschaft« und »Die Praxis des Liebens«.

Die Liebe ist eine Praxis, um die sich jeder täglich bemühen muß. Deshalb sollten Sie sich bei der Lektüre dieses Buches immer über die praktische Konsequenz der psychologischen Erkenntnisse Gedanken machen. Fragen Sie sich stets: »Was bedeutet diese und jene Aussage nun praktisch für meinen Alltag? Wie kann ich persönlich die Liebe für mich selbst intensiver entdecken und erlernen?« Jeder hat seine eigenen individuellen Erfahrungen gemacht, und er hat einen Erkenntnisstand erreicht, an dem er weiterentdecken kann. Die Aufgabe meines Buches ist nicht, eine fertige Theorie der Liebe vorzulegen, sondern es wird von mir beabsichtigt, zum Nachdenken anzuregen, und ich möchte Lernimpulse geben.

Im Alltag besteht die Gefahr, daß Sie das, was Sie hier lesen, schnell wieder vergessen. Im Moment leuchtet etwas ein, und einige Stunden später wird es von den alten Vorurteilen und Meinungen wieder zugedeckt und vernebelt. Was jetzt klar ist, ist später wieder unklar oder erscheint sogar als Unsinn.

Es ist deshalb eine aufgeschlossene und aktive Einstellung erforderlich, wenn es Ihnen ernst damit sein sollte, mehr über die Liebe zu erfahren und es für Ihr Leben fruchtbar werden zu lassen. Sie sollten sich daher am Rand Notizen machen, wenn Ihnen etwas unklar ist. Diskutieren Sie dann mit Freunden darüber, oder machen Sie sich auf einem Spaziergang weitere Gedanken. Die Liebe ist eine Kunst und muß erarbeitet werden, sie fällt Ihnen nicht in den Schoß, ohne daß Sie etwas dafür tun müßten. Sie können natürlich weiterhin in Passivität verharren und alles auf sich zukommen lassen. Dann bleibt jedoch alles beim alten. Wenn Sie das aber nicht wollen, wenn Ihnen einleuchtet, daß die Liebe eine Aktivität Ihrer ganzen Existenz und Psyche ist, dann können Sie nicht mehr passiv sein, dann müssen Sie sich damit beschäftigen, dann wollen Sie mehr über die Liebe erfahren und auch mehr erleben.

Ich möchte zu dieser Aktivität anregen. Die Absicht des Buches besteht darin, Sie wacher zu machen, Ihre Sinne zu schärfen und Ihr Denken zu erweitern. Ich gehe, während ich an dem Buch schreibe, von der Hoffnung aus, daß mir das gelingen sollte. Ich möchte erreichen, daß Sie sich in Zukunft stärker mit der Liebe beschäftigen, wenn Sie das Buch ausgelesen haben und zur Seite legen. Ich möchte erreichen, daß klar und einsichtig wird, wie wichtig das Erlernen der Kunst der Liebe für jeden einzelnen und für die gesamte Gesellschaft ist.

Das Lebensglück jedes Menschen hängt davon ab. Geld und Konsum sind sicherlich schöne Dinge, wir streben mehr oder weniger fanatisch danach, aber sie verlieren an Bedeutung im Vergleich zur Liebe. Sicherlich ist zunächst einmal die finanzielle Grundsicherung eine wichtige Sache, aber der Mensch lebt nun einmal nicht vom Geld oder Brot allein. Sein Lebensglück, seine psychische und körperliche Gesundheit sind mit dem existentiellen Problem der Liebe verknüpft. Wer lieben kann, hat die tiefe Überzeugung, daß sein Leben Sinn hat. Wer nicht lieben kann, fühlt sich trotz Wohlstand, Konsum, Mallorca-Urlaub, Haus im Grünen oder Segelyacht unglücklich. Warum die Liebe diese Bedeutung für unser Leben hat, das möchte ich in den folgenden Kapiteln beschreiben und bewußtmachen.

Liebe ist Zuwendung

Ich versuche nun, das Wesen der Liebe zu analysieren, nachdem im ersten Kapitel mehr davon die Rede war, was Liebe *nicht* ist, von den Mythen über die Liebe. Wenn wir uns mit dem Wesen der Liebe näher befassen, dann möchte ich zunächst davon schreiben, daß die Liebe, ganz allgemein ausgedrückt, Zuwendung ist. Etwas deutlicher gesagt, ist sie positive Zuwendung, während Haß negative Zuwendung ist.

Was ist positive Zuwendung? Besonders deutlich wird sie bei der Mutterliebe. Ohne die positive Zuwendung der Mutter auf die Bedürfnisse des Babys hin müßte es sterben oder seelisch und körperlich verkümmern. Mutterliebe ist die erste Liebe, die jeder Mensch erfährt, und sie bleibt für ihn ein Leben lang das Grundmodell der Erfahrung, geliebt zu werden. Man spürt als Erwachsener besonders dann, daß man geliebt wird, wenn man von jemandem uneingeschränkte Zuwendung erfährt. Und – ob man sich nun dessen immer bewußt ist oder nicht – man befindet sich im Zustand der Liebe, wenn man sich selbst jemandem zuwendet.

Zuwendung ist Aufmerksamkeit, Achtsamkeit und Wachheit gegenüber den anderen, aber nicht eine kritische Wachsamkeit, um Fehler zu entdecken, sondern eine interessierte, positive, verständnisbereite Wachsamkeit. Mit dieser ersten Beschreibung über das Wesen der Liebe ist die Praxis des Lernens eng verbunden, darauf möchte ich an dieser Stelle nochmals zu sprechen kommen. Wenn positive Zuwendung und interessierte Aufmerksamkeit die Voraussetzung für Liebe sind, dann kann man von dieser Aussage lernen. Sie können lernen, sich anderen Menschen in Zukunft bewußter zuzuwenden. Durch diese Einstellung und Entscheidung wird sehr viel bewirkt. Sie verlassen nämlich den allgemeinen Trott der Passivität und werden aktiv, Sie wenden sich anderen Menschen zu, sie werden aufmerksamer, wacher, bewußter, Ihre Sinne schärfen sich – und diese Zuwendung ist, wenn sie wirklich ohne Kritik, Haß oder Abwertung geschieht, bereits der Eintritt in eine liebende Haltung. Je mehr Sie sich aufmerksam anderen zuwenden, um so mehr werden Sie spüren, daß dies in eine liebende Zuwendung übergeht, daß Sie dann automatisch in den Zustand der Liebe gelangen.

Zuwendung geschieht natürlich nicht nur gegenüber Menschen, sondern gegenüber allem, was mich umgibt, was im Moment geschieht, was jetzt existiert. Die Einstellung der Zuwendung bezieht sich also auch auf die Bäume, das Wetter, die Vögel, die Wolken am Himmel, das Gespräch mit Menschen, Musik, Licht und Schatten, Wind, Gerüche in der Luft – alles, was im Moment geschieht.

Diese Zuwendung erscheint sehr einfach, und doch ist sie den meisten Erwachsenen verlorengegangen. Als Kind besitzen wir die Fähigkeit zur Zuwendung, zur vollen Aufmerksamkeit in stärkerem Maße, deshalb sind Kinder liebesfähiger als die meisten Erwachsenen. Warum geht die Fähigkeit zur Zuwendung mit zunehmendem Alter oft mehr und mehr verloren? Wir meinen, alles bereits zu kennen, und unser Leben wird eingeplant in Schematismen, in Sicherheitsbahnen, und wir verlieren die Fähigkeit, für den Augenblick aufmerksam und offen zu sein.

Eine liebesfähige Einstellung erstreckt sich eben nicht nur auf den Menschen des anderen Geschlechts, sondern auf alles, was die Sinne erfassen können. Insofern ist der liebesfähige Mensch nicht nur ein Menschenliebhaber, sondern er liebt das Leben allgemein. Jemand, der vorgibt, seine Familie zu lieben, aber im Beruf andere Menschen vernichtet oder tötet, der liebt nur partiell, er hat einen »hellen Fleck« und befindet sich sonst im Zustand der Lieblosigkeit und seelischen Umnachtung. Ich zweifle, ob diese partielle Liebe überhaupt Liebe ist. Ich bezweifle zum Beispiel, daß Hitler als Erwachsener auch nur einen Menschen wirklich lieben konnte.

Die positive Zuwendung kann aus der allgemeinen Passivität mitunter von einem Menschen des anderen Geschlechts kurz geweckt und angestachelt werden, auch bei einem Menschen, der positiver Zuwendung sonst nicht fähig ist. Das Verhalten des Menschen ohne Aufmerksamkeit ist nur Funktion und oft negative, hassende Zuwendung. Die hassende Zuwendung ist Aufmerksamkeit und Wachheit unter dem Aspekt, zu verneinen, zu verachten, zu vernichten. Hierauf möchte ich an späterer Stelle nochmals zu sprechen kommen.

Die liebende Zuwendung ist positiv, lebensbejahend, sie ist eine Einstellung, die über die Lebensfreude entscheidet. Nur die lebensbejahende Zuwendung führt zur Liebe. Nur diese allgemeine, allem Lebendigen zugewandte Aufgeschlossenheit führt zur Menschen- und Weltliebe.

Die Zuwendung zu allem Lebendigen ist die Grundlage der Liebesfähigkeit. Diese Zuwendung ist die Voraussetzung für die Liebe, ohne sie kann keine Liebe entstehen und wachsen. Zu lieben macht glücklich, und je mehr ein Mensch fähig ist, die Menschen und alles, was ihn im Moment umgibt, zu lieben, desto glücklicher und zufriedener ist er. Wer sich der Welt und allem Lebendigen aufmerksam und aufgeschlossen zuwendet, befindet sich im Zustand der Liebe, er besitzt die allgemeine seelische Liebesfähigkeit, die letztendlich auch zur Liebe zwischen zwei Menschen führt. Ohne diese Voraussetzung ist keine Liebe möglich. Ein zerstörerischer, hassender oder unaufmerksamer Mensch kann nicht lieben, er kann höchstens »Sex machen«. Wenn man dieses Prinzip versteht, wird deutlich, welche Rolle der Sexualität zukommt, sie spielt eine untergeordnete Rolle im Vergleich zu der übergeordneten Bedeutung der Liebe.

Das Glück des Lebens und der Liebe dreht sich nicht um die Sexualität, sondern um die Sinne, um die Aufmerksamkeit und Wachheit mit positiver, fördernder Einstellung. Lieben heißt, Aufmerksamkeit und Zuwendung *geben*, nicht Aufmerksamkeit und Zuwendung bekommen. Das Bekommen ist eine Folgeerscheinung, die schön ist und Freude gibt (die Freude, auch geliebt zu werden), aber sie ist nicht die Bedingung. Das Geben von Zuwendung ist wichtiger und bedeutungsvoller als das Bekommen. Das Geben ist die Fähigkeit zu lieben. Hier liegt die Schwierigkeit für jeden einzelnen. Bekommen ist dagegen einfach, dazu gehört keine besondere Fähigkeit. Selbst das Bekommen macht jedoch manchem Schwierigkeiten, wenn er mit einer Konsumhaltung aufnimmt, ohne das Gegebene in seiner Bedeutung zu würdigen, denn dazu ist wieder Zuwendung erforderlich.

Der erste Schritt, um die Kunst des Liebens zu erlernen, besteht also im Erlernen des Gebens von Zuwendung. Ein liebender Mensch gibt Zuwendung, ohne zu fragen, was er als Gegenleistung dafür bekommt. Er zieht bereits aus der Zuwendung soviel Glück und Befriedigung, daß er nicht mehr zu bekommen braucht. Wenn das Bekommen von Zuwendung hinzukommt, um so besser. Ich möchte jedoch betonen, daß hier keine Bedingung besteht. Es spielt auch eine Rolle, welche Bedeutung ich dem Bekommenen gebe. Wenn ich einen Baum betrachte, wie er auf einer Wiese in seiner Pracht alleine steht und sich entfaltet, dann gibt mir der Baum nichts Konkretes dafür, daß ich ihn bewundere und betrachte. Für viele materialistisch-konsumorientierte und profitorientierte Menschen ist es Zeitverschwendung, den Baum zu betrachten, weil er ihnen kein Geld gibt. »Wenn du ihn malst oder fotografierst, dann kannst du ihn zu Geld machen, dann sehe ich darin etwas Sinnvolles«, sagte mir einmal ein Materialist. Es war ihm schwer begreiflich zu machen (und das spöttische Lächeln von seinem Gesicht zu vertreiben), daß mir die Betrachtung des Baums sehr viel gibt, nämlich seelisches Wohlbefinden, und daß das Gefühl, seine Schönheit zu lieben, nicht umsonst ist, sondern mir Kraft, Ruhe, Lebensfreude und Wohlbefinden gibt.

Liebe ist Meditation

Im vorangegangenen Abschnitt habe ich erläutert, daß durch Zuwendung Liebe entsteht. Liebe ist neben Zuwendung aber auch Meditation. Allerdings verstehe ich unter Meditation etwas anderes als manche indischen Gurus, die für teures Geld Mantras verkaufen und behaupten, daß Meditation nur mit einem eigens verliehenen Mantra möglich sei.

In meinem letzten Buch, »Lassen Sie der Seele Flügel wachsen«, habe ich auf die Bedeutung der Meditation hingewiesen. Die Meditation ist keine Technik, die typisch östlich-religiös gefärbt ist, sondern ein jedem zugänglicher Zustand. Für das Erfahren und Erlernen der Meditation ist kein indischer Guru erforderlich, denn jeder kann in einen meditativen Zustand gelangen, wenn er innerlich ruhig wird, sich entspannt und die Tretmühle der kreisenden Gedanken nach und nach abschaltet.

In dem erwähnten Buch versuchte ich darzustellen, wie man zur Meditation gelangt. Aus den Leserzuschriften konnte ich jedoch entnehmen, daß ich nicht richtig verstanden wurde. Vielen Lesern waren meine Gedanken über die Meditation fremd, und sie wußten wenig damit anzufangen, weil die Bedeutung der Meditation von mir nicht klar genug herausgearbeitet wurde. Ich möchte deshalb an dieser Stelle versuchen, die Meditation verständlicher zu erklären.

Die Meditation ist keineswegs eine Nebensache, sondern eine zentrale Angelegenheit, die für jeden Menschen wichtig ist, der nach psychischer Entfaltung strebt. Die meisten Menschen kennen den seelischen Zustand der Meditation von seltenen Erlebnissen, und sie wissen nicht, daß sie in diesem Moment im Zustand der Meditation waren. Ich möchte deshalb einmal einen solchen Zustand in der Ichform beschreiben.

Ich sitze in einem Boot und lasse mich von den Wellen wiegen.

Das Boot ist am Flußufer mit einem Seil an einem eingeschlagenen Holzpflock befestigt. Es ist ein warmer Sommertag, spätnachmittags um 5 Uhr. Es ist still, ab und zu höre ich die Stimme eines Wasservogels. Libellen fliegen am Ufer entlang wie kleine Hubschrauber, sie verschwinden im Schilf und tauchen wieder auf. Ich denke an nichts, alle Sinne sind offen, ich fühle das leichte Schaukeln des Boots und die Wärme der Sonnenstrahlen auf meiner Haut. Ein sanfter Wind trägt den Geruch von Heu mit. Ich rieche das Heu, ohne an Heu zu denken, ich atme nur den Geruch ein, und die Sinne nehmen ihn wahr, nicht der Verstand.

Der Verstand ist ruhig, ich mache mir über nichts Gedanken, sondern gehe ganz im Augenblick auf, der aus den unterschiedlichen Sinneswahrnehmungen zur gleichen Zeit besteht. Jeder Augenblick geht in den nächsten Augenblick über, der neue Wahrnehmungen mit sich bringt. Da ich nicht denke, sondern einfach sinnlich offen bin, spüre ich eine starke Ruhe und Stille, obwohl die Vögel Geräusche machen, die Wellen mein Boot bewegen, Wasser plätschert und Libellen vorbeifliegen.

Ich denke an keine Uhrzeit, kein Problem geht durch meinen Kopf, der Verstand hat sich zur Ruhe begeben, und die Sinne sind geöffnet. Ich bin an den Augenblick hingegeben, und es kann in mich eindringen, was in diesem Moment um mich herum geschieht. Eine große Ruhe und Entspanntheit breitet sich ohne mein aktives Zutun in meiner Seele aus. Ich nehme den Augenblick und die Natur in mich auf. Ich empfinde Erfüllung, Ruhe und Zufriedenheit, weil ich wahrnehme, ohne zu werten. Ich bin dem Augenblick hingegeben und gehe in der Gegenwart voll und ganz auf. Es existiert kein Gestern und kein Morgen, sondern nur das Jetzt. Ich bin keineswegs schläfrig oder hypnotisiert, sondern im Gegenteil: hellwach. Es besteht der Zustand der Meditation und gleichzeitig der Liebe.

Meditation ist Liebe. Wenn ich im Zustand der Meditation bin, dann spüre ich, daß aller Kampf und Krampf ein Ende hat und daß ich mich öffne, weil ich bereit bin zu lieben, alles, was meine Sinne aufmerksam wahrnehmen. In diesem Zustand herrscht vollkommene Zuwendung meiner ganzen Person und vollkommene Bereitschaft, aufzunehmen, es entsteht ein Gefühl von Ewigkeit und damit verbunden von Seligkeit. Im Zustand der Meditation ist die Liebe da und mit der Liebe auch das gesteigerte Gefühl von Sein und Seligkeit.

Es ist schwer, diesen Zustand mit Worten genau zu beschreiben, weil Worte aus dem Bereich des Denkens kommen und Empfindungen und seelische Zustände nur umschreiben können. Wirklich verstanden werden kann ich nur von dem Leser, der den Zustand, den ich mühsam mit Worten umschreibe, schon einmal selbst erlebt hat. Wer diesen Zustand nicht kennt oder sich nicht an ihn erinnern will oder kann, dem fehlt auch das Verständnis, für ihn ist es unmöglich, über den Verstand nachzuvollziehen, was Meditation, Zuwendung und Liebe ist. Da jeder irgendwann in seinem Leben diesen Zustand einmal erfahren hat (mit großer Wahrscheinlichkeit als Kind – später geht die Fähigkeit zur Meditation leider oft verloren), so bin ich guten Mutes, daß ich verstanden werde, und die Leser spüren, was das geschilderte Beispiel bedeutet.

Das Erlebnis der Meditation ist natürlich nicht an einen Sommertag am Fluß gebunden, sie hat nichts mit einem Boot zu tun und dem Sonnenschein. Meditation ist immer möglich, bei jedem Wetter, zu jeder Jahreszeit, in jedem Moment des Lebens, wenn ich der Gegenwart gegenüber ganz geöffnet bin, das Gestern und Morgen von mir abfällt und allein das wahrgenommen wird, was im Moment geschieht – dann ist der Verstand still, und jeder Gedanke, jeder Plan, jede seelische Anspannung hat ein Ende.

Die Meditation ist an keine Bedingungen geknüpft, die erfüllt werden müßten. Der Vorgang ist sehr einfach, und doch gelangen die meisten Menschen selten in diesen Zustand, in dem sich Meditation entfalten kann. Weil Meditation auch Liebe ist, deshalb geschieht so selten Liebe – zur Natur, zu den Mitmenschen, zu Tieren, zu einem zufälligen Bekannten, zu einem Baum, zu einem Vogel.

Liebe entfaltet sich in der Meditation, nicht im Zustand des Denkens, wenn der Verstand bewertet und seine Rechnungen aufzumachen versucht. Damit sich Liebe ereignen kann, muß der Verstand mit seinen Bewertungen still werden. Das ist das Problem für die meisten Menschen: sie werden vom Verstand beherrscht, der sie versklavt und nicht zur Ruhe und Offenheit kommen läßt. Immer wieder schieben der Verstand und das Denken einen Riegel von Vorurteilen, Bewertungen, Distanzierungen vor, und die Psyche wird davon beeinflußt; anstatt sich zu öffnen, verschließt sie sich, panzert sie die Sinne ab.

Der Verstand hält die Gefühle in Schach, er wacht über die Sinne, er will die Oberhand behalten und verhindert das sinnliche Aufgehen im Augenblick. Das ist ein Problem der verstandesbetonten Überbewertung der Intelligenz und des Denkens im Vergleich zur sinnlichen Aufmerksamkeit und Erfahrung des Gefühls.

Liebe erfordert Zuwendung, Offenheit, sinnliche Wahrnehmung, Stille des Denkens und Bereitschaft und Fähigkeit zur Kontemplation und Meditation; der Verstand verliert an Bedeutung, er unterwirft sich (ohne daß Zwang oder Druck herrscht) dem Augenblick des Gefühls, Empfindens und Erkennens.

Liebe ist Selbstfindung

Ich habe gesagt, daß in der Meditation und Kontemplation Liebe entsteht. Diese Liebe fragt nicht nach Erwiderung, sondern sie strömt aus mir heraus und schlägt sich auf die Umwelt nieder. In diesem Zustand der Liebesfähigkeit bin ich bereit zu lieben, ohne nach Resonanz zu fragen. Dies ist bei der Liebe zur Natur jedem leicht verständlich.

Bei der Liebe zu einem Menschen des anderen Geschlechts werden die Verhältnisse etwas komplizierter, denn hier erwarten wir Resonanz, nämlich die Erwiderung unserer Liebe. Wir spiegeln uns in dem erwählten Liebesobjekt und fragen: »Liebst du mich genauso wie ich dich?« Das Modell für diese Liebe zum Menschen liegt in der Kindheit und Abhängigkeit von den Eltern (primär von der Mutter). Das Baby ist abhängig von der Mutterliebe, es ist auf Resonanz angewiesen, und es spürt genau, ob es geliebt wird oder nicht. Seine Existenz und seine gesamte Persönlichkeitsentwicklung hängen davon ab. Die Mutter ist ein Spiegel, in den das Kind sensitiv hineinschaut mit der Frage: »Wenn ich das und das tue, werde ich dann von dir geliebt?« Geliebt zu werden ist für das Kind existenznotwendig, denn ohne Liebe drohen Strafe und Angst. Kurz gesagt, das Kind sucht seine Selbstfindung in der Liebesbestätigung durch die Eltern, es entwickelt die Eigenschaften und Verhaltensweisen, die die Eltern mögen, und unterdrückt in sich das, was die Eltern nicht mögen. Es liebt seine Eltern, weil es keine andere Wahl hat, es strebt danach, wiedergeliebt zu werden. Die Entwicklung seines Selbst wird von den Erziehungspersonen gesteuert, es läßt sich manipulieren und manipuliert sich selbst, um geliebt zu werden.

Die Liebe zur Natur ist dagegen viel unproblematischer, denn der Baum, den ich meditativ liebe, verlangt von mir nichts, er akzeptiert mich so, wie ich bin, und ich akzeptiere ihn, wie er ist. In der Kindheit ist die Liebe eng verknüpft mit der Selbstentfaltung und Selbstwertschätzung. Wir erfahren, daß Menschen etwas von uns verlangen, während ein Baum oder ein Vogel in der Luft nichts von uns fordert. Einen Vogel können wir lieben, ohne davon abhängig zu sein, daß wir von ihm wiedergeliebt werden.

Die Liebe zu Menschen ist problematisch, weil Menschen etwas von uns fordern, auch später, wenn es nicht mehr um die Liebe der Mutter geht, sondern um die Liebe eines Partners. Von einem Partner erwarten wir, daß wir unser Selbst in ihm spiegeln können, er gibt uns Resonanz, ob er uns mag oder nicht. Er sagt uns beispielsweise: »Deine Strebsamkeit, deinen Charme, deine Initiative mag ich, deine Leichtsinnigkeit, deine leichte Gefühlsansprechbarkeit jedoch nicht.« Ein Mensch ist für uns ein Spiegel, in dem wir uns betrachten können, und wir sind begeistert, wenn wir Zustimmung erfahren, wenn man uns lobt, wenn man sagt, so oder so seien wir richtig und liebenswert.

Das Liebesobjekt hat also einen großen Einfluß auf die innere Selbstfindung und Selbsterfahrung. Wir fühlen uns von dem anderen definiert und wollen von ihm wissen, wie wir sind, wie er uns empfindet, was er von uns denkt. Wir wollen wiedergeliebt werden wie als Kind von der Mutter, jetzt von dem Partner, und wir richten unser Verhalten nach den Erwartungen und Vorstellungen, die wir in dem Resonanzspiegel erfahren. Wir finden uns selbst im anderen, in seiner Diagnose, und wir arbeiten an unserem Selbst nach diesen Erfahrungen wie als Kind. So kommen wir aus der Manipulation unseres Selbst niemals heraus. Von Mutter und Vater waren wir existentiell abhängig, weil wir Schutz und Geborgenheit suchten, von dem Partner des anderen Geschlechts sind wir abhängig, weil wir Sex, Schutz, Geborgenheit und Anerkennung unseres Selbst suchen. Die Manipulation nimmt kein Ende, und wir sind als Erwachsene nicht freier als ein Kind, obwohl wir hofften, es würde »später« alles viel besser, wir könnten freier, autonomer und offener leben. Es erweist sich, daß die eine Manipulation durch eine andere abgelöst wird, daß wir von einer Unfreiheit in die andere geraten. Ist das Selbstfindung? Haben wir unser Selbst gefunden, wenn ein anderer sagt, wer wir sind?

Ich glaube, daß die Antwort auf diese Frage jedem leichtfällt. Solange wir uns in anderen spiegeln und uns im Spiegelbild der anderen selbst finden wollen, sind wir genasführt. Wirkliche Selbstfindung ist etwas anderes, sie ist Findung des eigenen Selbst, ohne andere zu fragen, was sie davon halten, wie sie mein Selbst bewerten. Es ist schwer, diese Autonomie zu finden, es ist so gut wie unmöglich in einer Gesellschaft, die vom Babyalter an den Menschen manipuliert. Wir bleiben Manipulierte bis zum Grab, wenn wir diesen Prozeß nicht durchschauen und Schluß damit machen.

Wir dürfen also nicht mehr andere fragen: Wer bin ich? Wir müssen uns selbst fragen, niemanden sonst, denn wer und was wir sind, liegt in uns selbst, kein anderer, keine Mutter, kein Vater, kein Lehrer, kein Liebespartner, kann uns eine Antwort darauf geben.

Wenn wir das erkannt haben und auch danach leben, dann verändert sich die Liebe. Wir lernen die Menschen zu lieben, ohne zu fragen: »Werde ich wiedergeliebt? Was liebst du von mir und was nicht? Was kann ich tun, daß du mich mehr liebst, und was muß ich unterlassen?« Wir fragen nicht mehr, wer wir sind, weil wir diese Frage lächerlich und entwürdigend finden. Wir finden uns nicht mehr im anderen wieder, sondern wir finden uns nur in uns selbst.

In dieser praktischen Erkenntnis zeigt sich wirkliche Autonomie. Die Fähigkeit, einen anderen zu lieben, ohne danach zu fragen, ob man wiedergeliebt wird, ist die reife Liebe des autonomen Menschen, der keinen anderen manipuliert und auch selbst nicht manipuliert werden kann und will. Die reife Liebe ist auf das eigene Sein gegründet, sie ist nicht unsicher und fragt nicht nach Resonanz, sie ist unerschütterlich auf mein Selbst begründet, auf mein eigenes Sein. Liebe zu einem Menschen ist dann meditativ und kontemplativ wie zu einem Baum auf der Wiese und wie zu einem Vogel in der Luft, sie respektiert das andere Sein und fordert nichts.

Reife Liebe als Prozeß und Zustand ist Selbstfindung. Wer liebt, erfährt sich selbst in der Liebe, diese Erfahrung ist Zuwendung und Meditation in einem.

Liebe ist psychische Gesundheit

Was ist psychische Gesundheit? Dem Psychoanalytiker Sigmund Freud zufolge kann der Gesunde problemlos arbeiten und lieben, er ist arbeitsfähig ohne Konzentrationsstörungen, und er ist liebesfähig, beides selbstverständlich zugleich, er kann also vital arbeiten und vital lieben, in beiden Bereichen fühlt er sich in keiner Weise gehemmt oder eingeschränkt. An dieser grundlegenden Voraussetzung für psychische Gesundheit hat sich bis heute nichts geändert.

Ich möchte die Frage der psychischen Gesundheit noch etwas ausführlicher erörtern, weil psychische Gesundheit und Liebesfähigkeit eng miteinander verknüpft sind. Der psychisch gesunde Mensch ist offen, er erlebt jeden Augenblick in voller Wachheit und Klarheit. Seine Wahrnehmung der Wirklichkeit ist nicht getrübt oder abgestumpft, weil er nichts abwehrt, sondern alles, was im Augenblick geschieht und ihm begegnet, zuläßt. Er verfälscht also nicht die Wirklichkeit über die sogenannten Abwehrmechanismen. Die Abwehrmechanismen habe ich ausführlich in meinen beiden letzten Büchern beschrieben, ich möchte mich deshalb hier nicht wiederholen und verweise den Leser, der sich intensiver für die Abwehrmechanismen interessiert, auf diese Bücher und die Tabelle auf der folgenden Seite, die eine schematische Gesamtübersicht über die Abwehrmechanismen gibt.

Übersicht über die Angstabwehrarten

14 Abwehrmechanismen	8 Lebenslügen	14 Fluchtweisen
1. Identifizierung	1. »Charakter ist wichtiger als Individualität«	*Flucht nach vorn*
2. Verdrängung	2. »Der Mensch braucht Vorbilder und Ideale«	1. Aggression
3. Projektion		2. Arbeitssucht
4. Symptombildung	3. »Sicherheit geht vor, Freiheit führt zum Chaos«	3. Sexualität
5. Verschiebung		4. Ellenbogen-Egoismus
6. Sublimierung	4. »Jeder ist sich selbst der Nächste«	5. Progressionismus
7. Reaktionsbildung	5. »Die Menschen sind nicht gleich, es gibt Rang- und Wertunterschiede«	6. Utopismus
8. Vermeidung		7. Hedonismus
9. Rationalisierung	6. »Intelligenz ist wichtiger als Gefühl«	*Flucht nach hinten*
10. Betäubung		8. Anpassung
11. Abschirmung	7. »Wer liebt, möchte besitzen«	9. Gefühlspanzerung
12. Ohnmachtserklärung	8. »Der Körper ist Mittel zum Zweck«	10. Rollenspiel
13. Rollenspiel		11. Charaktermaske
14. Gefühlspanzerung		12. Beschuldigen
		13. Nekrophilie
		14. Enge

Der psychisch Gesunde erlebt jeden Augenblick in voller Intensität und Wachheit. Mit seinem Denken verfälscht er nicht die Wirklichkeit aus Angst vor den Tatsachen. In seiner Psyche befinden sich keine Reste von unverarbeiteten Erlebnissen oder Gefühlen, da er sie in jedem Augenblick direkt verarbeitet. Wenn er Kummer oder Ärger hat, dann ärgert er sich sofort und schiebt den Ärger nicht ins Unterbewußte ab. Wenn er traurig ist, dann ist er es sofort, und er lenkt sich nicht ab, sondern lebt seine Trauer im aktuellen Moment. Wenn er Angst hat, dann flieht er nicht nach vorn in die Aggression – um nur ein Beispiel zu nennen – oder zurück, in die Anpassung, sondern er stellt sich der Angst, er gibt vor anderen und sich selbst zu, daß er Angst hat, und er lebt seine Angst durch, er steht zu ihr, er fühlt sie mit Aufmerksamkeit, denn nur so wird sie ihn nicht länger belasten, als sie ihn real belastet. Tage oder Wochen danach ist sie für ihn erledigt, sie kann ihn nicht mehr verfolgen, weder im Schlaf noch in der Realität. Jede zukünftige Angst ist dann eine neue Angst, es verwischen sich mit ihr keine Reste von alter, unbewältigter Angst, weil er durch jede Angst voll erlebend hindurchgeht.

Das ist für viele sicherlich schwer zu verstehen, weil ihre Seele voll von alten Ängsten ist, die immer wieder niedergekämpft werden müssen und die sich im Alltag in vielen Situationen einschleichen und immer wieder Abwehrmechanismen auslösen.

Für den psychisch gestörten und belasteten Menschen ist unverständlich, wie es funktionieren soll, sich der aktuellen Angst zu stellen, wie man sie durchlebt und wie sie danach erledigt sein soll, ohne daß ein Rest von Belastung übrigbleibt. Dieses seelische Verhalten der psychischen Gesundheit ist in unserer Gesellschaft sehr selten anzutreffen, denn die Mehrzahl der Menschen ist nicht psychisch gesund, sondern krank. Die seelische Störung ist die Regel, nicht die Gesundheit, wie es eigentlich sein sollte.

Der Mensch ist als hochstrukturiertes Wesen überaus anfällig für seelische Störungen, und es wäre für ihn deshalb sehr wichtig, zu lernen, wie er sich psychisch gesund hält. Dieses Wissen wird jedoch nirgendwo gelehrt, weder im Elternhaus noch in der Schule, noch in Abendkursen in der Volkshochschule. Jeder ist im Umgang mit seiner Psyche auf sich selbst angewiesen, und oft kann er mit Bekannten und Freunden nicht einmal darüber reden, weil es den meisten Menschen unangenehm ist, darüber zu sprechen, über etwas, das so nebulös, dunkel und angsterregend ist wie die eigene Seele und die des anderen. Das Seelenleben ist immer noch eines der großen Tabus in unserer auf anderen Gebieten progressiven und aufgeklärten Zeit.

Die Liebesfähigkeit ist in direkter Weise mit der psychischen Gesundheit verbunden. Der Bereich der liebenden Zuwendung ist bei den meisten Menschen besonders komplexhaft mit verdrängten psychischen Schmerzen behaftet.

Wenn schmerzliche Erlebnisse der Lieblosigkeit und Abweisung nicht sofort verarbeitet werden, was bei den meisten Menschen die Regel ist, sondern durch Abwehrmechanismen beiseite geschoben werden, dann bleiben Komplexe, die das Verhalten in Zukunft stören und neue Schmerzen hervorrufen.

Es entsteht ein Teufelskreis, der den Menschen immer mehr in die Verhärtung, Abkapselung und Gefühlspanzerung hineinführt. Nach meiner persönlichen Schätzung aufgrund meiner Erfahrungen ist bei neunzig Prozent der Menschen die Liebesfähigkeit (die Fähigkeit zur Zuwendung) auf diese Weise komplexhaft gestört.

Wir müssen lernen, aus dieser Störung unserer Liebesfähigkeit wieder herauszufinden, weil wir nur dann frei, glücklich und gesund werden können. Wenn wir andere lieben können, offen, ohne Angst, in voller Klarheit und Bewußtheit, dann fühlen wir uns wohl und gesund – wir fühlen uns nicht nur so, wir sind es auch!

Die Fähigkeit zu lieben ist von zentraler Bedeutung. Wie gelangt man zu ihr, zu dieser Voraussetzung für psychische Gesundheit und Lebensfreude? Einige Wege habe ich bereits beschrieben: es sind Zuwendung, Geben, ohne auf das Bekommen zu achten, Meditation, Aufmerksamkeit und Klarheit der Realitätserfahrung, Selbstfindung, ohne sich im Spiegelbild der anderen manipulieren zu lassen, Offenheit, die spontane, direkte Verarbeitung alles dessen, was im Moment geschieht. Nur dann ist Klarheit möglich, und ich bin in jedem Moment wieder neu geöffnet, zu lieben ohne Angst. Dann wächst die psychische Gesundheit in ihrer vollen Unerschöpflichkeit.

Gesundheit heißt nicht, keine Angst mehr zu haben, nicht mehr traurig zu sein. Das alles läßt sich nicht vermeiden, so sehr das auch viele wünschen und mit Abwehrtechniken zu erreichen versuchen; sie wollen eigentlich »unverwundbar« sein. Das gibt es jedoch nicht. Kein gesundes Lebewesen auf dieser Erde ist körperlich oder seelisch unverwundbar, auch keine Maschine, kein Roboter, keine unbeseelte Materie. Nichts ist unverwundbar.

Gesundheit heißt deshalb, sich der Verwundbarkeit bewußt sein, sie akzeptieren, in absoluter Offenheit, ohne Angst vor dem Morgen, weil sich nur dann schöpferisches Leben entfalten kann. Wer sich schützen will vor der Liebe, stellt sich gegen das Leben, und das hat Kummer, Stumpfheit, Leid, Neurosen und langsames Absterben zur Folge.

Liebe ist Leben

Liebesfähigkeit ist die Fähigkeit, sich nach außen hin zu öffnen, sich aufzuschließen und das, was in mich einströmt, auf mich zukommt, zu lieben. Was bleibt mir anderes übrig, als zu lieben?

Ich kann natürlich auch neutral empfinden oder hassen. Viele wollen sich aus Angst vor dem anderen Menschen lieber neutral verhalten; aber das ist nur ein Trick, der nicht weiterhilft.

Lebendigsein, was ist das? Alles Lebendige strebt nach Entfaltung seiner Existenz; es muß das Leben und die eigene Lebendigkeit lieben, wenn es nicht in sich selbst vertrocknen und verkümmern will. Für Tiere ist es einfacher, lebendig zu sein, sie machen sich keine Gedanken, sie *sind*, aber der Mensch meint, daß er mit Hilfe des Verstandes das Leben und die Lebendigkeit steuern und manipulieren könne. Wenn er es versucht, dann landet er in der Trickkiste des Verstandes mit seinen Manipulationstechniken, er beraubt sich seiner Spontaneität und verliert an Lebendigkeit, er nähert sich dem Tod, dem Zustand, den er zu vermeiden glaubt, der jedoch in dem Maße näherrückt, in dem er seine Lebendigkeit zu reglementieren versucht.

Der Liebe kann niemand mit Abwehrtechniken und Verdrängungstricks ein Schnippchen schlagen. Die Liebe ist unsere einzige Chance, lebendig zu sein und glücklich zu werden, anstatt dem Tod entgegenzudämmern, ihn zu beschleunigen durch langsamen Selbstmord. Wer sich nicht für die Liebe entscheiden will, hat sich gegen das Leben entschieden, sein Leben ist von da an nur noch ein langsames Sterben. Nur wer liebt, hat das Leben gewonnen. Wie ist das zu verstehen?

Lebendigsein ist volle Aufmerksamkeit im Augenblick, es ist ein totales Aufgehen in der jeweiligen Situation. Kein Gestern und kein Morgen trübt diese Aktualität, die voll und ganz im Hier und Jetzt gelebt wird.

Die Bedeutung dieser Klarheit der Wahrnehmung habe ich in dem Abschnitt über die Meditation bewußtzumachen versucht. Diese Zuwendung, mit allen Sinnen, ist Sensitivität. Wache Sinne sind die Voraussetzung für Lebendigkeit. Da die meisten Menschen unsensitiv sind, träge, stumpf und phlegmatisch, erleben sie keine innere Lebendigkeit, und das Leben ist ihnen oft deshalb mehr Last als Freude.

Ab und zu fällt ein Sonnenstrahl von Glück und »Aufgehen in der Situation« in das freudlose, seelisch stumpfe Leben, wenn man zum Beispiel Achterbahn fährt, zum erstenmal im Schnee auf Skiern steht, einen kleinen Abhang hinunterfährt oder sich neu verliebt. Solche Erlebnisse durchbrechen den Ring, den Dunst an Stumpfheit und den Nebel, der das Bewußtsein und das Sich-lebendig-Fühlen umgibt. Warum kann es nicht immer so schön sein?

Ja, warum eigentlich nicht? Es kann immer so sein, wenn ich bereit bin, immer so aufmerksam, offen und wach zu sein, wenn ich meinen Seelenpanzer öffne und das Leben hereinlasse und mich auf das Wagnis der Lebendigkeit einlasse.

Die Liebe ist ein generelles Prinzip des Lebens. Jeder muß sich öffnen, um zu lieben, wenn ich mich verschließe und abpanzere, kann die Realität nur gefiltert hereinkommen, und alles bleibt öde und grau. Liebesfähigkeit ist die Bereitschaft zu lieben, ich muß bereit sein. Nur dann kann sich Liebe entfalten, ich muß geben, ohne etwas zu begehren, dann bekomme ich genug, wenn ich jedoch danach strebe und begehre, dann wird alles zum Krampf.

Wenn ich Wachheit und Klarheit der Sinne entfalte, kann sich die Liebe entwickeln, dann ist Leben lieben und Lieben ist Leben, dann gehe ich unter die Menschen mit Wachheit – ohne Vorurteile, ich sehe, höre, rieche, taste und schmecke, was um mich herum geschieht. Der Verstand setzt nicht aus, aber ich setze ihn auch nicht ein, ich brauche keine Vorurteile mehr, alles geschieht von selbst, es entwickelt sich und wächst. Dieses Erlebnis ist schön, und es birgt in sich das Geheimnis des Glücks. Dieses Glück kostet kein Geld, hierfür ist keine Ausbildung, kein Abitur und Studium erforderlich. Dieses Glück hat keinen

Marktwert, ich kann es nirgendwo kaufen, und keiner kann es mir abkaufen. In diesem Moment hat jedes Marktdenken ein Ende. Die Liebe ist rein, sie fragt nicht nach Attributen, sie lebt aus sich selbst, und in ihr entfaltet sich meine eigene Lebendigkeit, es muß nichts sonst hinzukommen, und es fehlt nichts mehr, nach dem noch zu streben wäre.

3.

DIE LIEBESFÄHIGKEIT

»Auf dem Boden einer reflektierenden Haltung ist es nämlich undenkbar, daß man andere Menschen wirklich liebt (und nicht nur braucht), wenn man sich selber so, wie man ist, nicht lieben kann. Und wie soll man das können, wenn man von Anfang an nicht die Möglichkeit hatte, seine eigenen wahren Gefühle zu leben und sich so zu erfahren.«
ALICE MILLER

Der Begriff »Liebesfähigkeit« wurde von mir bisher schon mehrfach gebraucht, ohne daß genauer gesagt wurde, was darunter zu verstehen ist. Die Fähigkeit zu lieben ist keine Selbstverständlichkeit, sie ergibt sich nicht von selbst, wie wenn sie angeboren wäre und in der Entwicklung mitwüchse wie die Arme und Beine. Die Liebesfähigkeit ist nicht automatisch mit der körperlichen Ausreifung der Geschlechtsorgane da, obwohl das viele glauben; sie meinen, daß ein geschlechtsreifer Mensch auch automatisch liebesfähig sei, das hängt mit der weitverbreiteten, aber falschen Gleichsetzung von Sex und Liebe zusammen.

    Die Liebesfähigkeit hat zunächst nichts mit der Sexualität zu tun, sie entwickelt sich, sobald das Baby auf der Welt ist und von der Mutter in den Armen gehalten wird. Schon das Baby spürt, ob es geliebt wird (die Mutterliebe ist ja nicht sexuell), es muß zunächst Liebe empfangen, um Vertrauen zur Umwelt zu bekommen. Der Entwicklungsforscher Erikson spricht im ersten Lebensjahr von der Erfahrung von »Vertrauen oder Mißtrauen«. Das Kleinkind lernt in dieser ersten Lebensphase, seiner Umwelt und den unmittelbaren Bezugspersonen zu vertrauen oder ihnen zu mißtrauen und sie zu fürchten.

Bereits das erste Lebensjahr ist von großer Bedeutung für die Entwicklung der Liebesfähigkeit. Kann das Kind seiner Umwelt vertrauen, schließt es sich auf und wird mehr und mehr bereit, selbst Liebe zu geben, kann es jedoch seiner Umwelt nicht vertrauen und fürchtet es sich vor der Mutter oder dem Vater, dann zieht es sich zurück und wagt nicht, liebend auf die Umwelt zuzugehen, sondern es wird in seinem Verhalten und seinen Gefühlen berechnend und manipuliert sich selbst.

Das von Liebe und Geborgenheit abhängige Kind entwickelt Furcht um den Verlust dieser Liebe, und es wird in seiner Hilflosigkeit und gefährdeten Existenz alles tun, um die Liebe der Umwelt zu erringen. Es übernimmt die Gebote und Verbote der Eltern als Introjekte in das sich bildende Über-Ich. Es läßt sich manipulieren und manipuliert sich selbst. Es erlebt sich als liebenswert, wenn es die Forderungen erfüllt, und es wehrt eigene Wünsche und Entdeckungen ab, wenn sie mit Liebesentzug bestraft werden. Es sieht in den Augen der Mutter die Zustimmung oder Ablehnung, und es orientiert sich an der Mutter, denn es hat keine andere Wahl, als die Mutter zu lieben, selbst wenn es die Mutter hassen möchte.

Viele Kinder erleben bereits in ihrer frühesten Welterfahrung, daß es verdient werden muß, geliebt zu werden, daß Forderungen zu erfüllen sind, daß geliebt zu werden nicht selbstverständlich ist, obwohl es das natürlich sein sollte. Nur wenige Kinder wachsen in Freiheit heran und können wirklich sie selbst sein, ohne Liebesentzug zu fürchten. Nur wenige Kinder fühlen sich ganz angenommen und entwickeln so uneingeschränktes Vertrauen zu ihrer Umwelt. Diese Kinder haben die besten Voraussetzungen dafür, jetzt und später ihre Liebesfähigkeit voll entfalten zu können.

Das in Liebe angenommene und freie Kind kann sein Selbst entfalten und erproben, ohne sich zu manipulieren. Dieses Kind ist offen für alles Erleben, es kennt keine Tabus und erfährt seine Sinne, entwickelt volle Sinnlichkeit und ist bereit, Liebe zu geben, ohne etwas zu erwarten, zum Beispiel ein Lob, ein Geschenk oder nur das Vermeiden von Angst. Wenn man »liebt«, um Angst abzuwehren, ist das keine tief aus dem Herzen mit allen Sinnen empfundene Liebe.

Die Liebe des Kindes zu Tieren, Blumen, sich selbst und den Mitmenschen ist absolut unsexuell, weil sie keine sexuelle Befriedigung braucht oder erwartet. Aber es handelt sich um tiefe sinnliche Liebe, eine Offenheit der Sinne, die liebend wahrnehmen und psychisches Wohlbefinden erzeugen.

Ich glaube, es wird jetzt verständlich, daß die Ausprägung der Liebesfähigkeit schon voll entwickelt sein sollte, wenn die Geschlechtsreife einsetzt. Die Sexualität kommt dann als neue Erlebnismöglichkeit hinzu, es eröffnet sich ein neues Feld der sinnlichen Entfaltung zum anderen Menschen, und diese Entdeckung ist für den vertrauend-liebesfähigen Menschen, der offen sensitiv erlebt, eine sehr beglückende Erfahrung, während sie für den verängstigten und mißtrauischen Menschen neue Ängste weckt.

Der verängstigte Mensch braucht Tips und Ratschläge über Techniken der Sexualität, er möchte »alles richtig machen«, denn er fühlt sich nur (scheinbar) sicher, wenn er sich manipuliert mit der dahinter stehenden verzweifelten Frage: »Habe ich es gut gemacht? Kannst du mich so annehmen? Bin ich jetzt für dich wertvoll, und kannst du mich so lieben?«

Der verunsicherte Mensch, der sein Selbst nicht gefunden hat, möchte vor allem Liebe bekommen, er strebt weniger danach, selbst zu lieben, also liebesfähig zu sein, sondern es ist für ihn wichtig, geliebt zu werden, denn nur dann fühlt er sich sicher, und seine Angst vor dem Leben und den Mitmenschen kann niedergehalten werden. Eine Liebesbeziehung, die darauf aus ist, Liebe zu bekommen und Liebe durch Techniken, Status, Bildung, Geschenke, Schmeicheleien zu verdienen, ist manipulierte Liebe, sie steht auf wackeligen Beinen, weil ihr die sichere Grundlage fehlt, nämlich Liebe geben zu können, ohne zu fragen und Sicherheit zu erhalten.

Die entwickelte Liebesfähigkeit ist die wichtigste Voraussetzung dafür, daß die Liebe Schönheit und Glück gibt, ohne eine verkrampfte Manipulation zu sein. Der liebesfähige Mensch fühlt sich wohl, wenn er liebt, das ist alles. Er wird nicht von Begierde getrieben, zur Sexualität überzugehen oder den Partner zu besitzen. Ergibt sich die Sexualität, dann ist sie beglückend und eine freie Entfaltung im Augenblick, eine sinnliche Erfahrung in Liebe. Ergibt sich daraus eine Freundschaft oder Partnerschaft, so gründet sie auf dem Geben von Liebe, auf der Selbstentfaltung, nicht auf der Gier, zu bekommen, zu konsumieren, um sich satt und angstfreier zu fühlen.

Der sich selbst entfremdete Mensch braucht Liebe, um weniger Angst zu haben, er frißt die Liebe auf, um sich satt zu fühlen. Der liebesfähige Mensch dagegen liebt, weil er keine Angst hat, er frißt die Liebe nicht auf, sondern gibt sie dem anderen, weil er sich glücklich dabei fühlt. Liebe ist Freiheit von Angst. Wo Angst ist, kann sich keine Liebe entfalten.

Die Angst ist der Gegenpol der Liebe, und doch sind oft beide sehr eng beieinander, die Angst ist das unverarbeitete Kindheitstrauma, nicht so angenommen zu sein, wie man sich fühlt.

Liebe und die gesellschaftlichen Verhältnisse

Die gesellschaftlichen Verhältnisse in den westlichen hochtechnisierten Industrienationen hemmen die Entfaltung der Liebesfähigkeit. Der Erziehungsstil der Eltern ist liebesfeindlich, weil sich das Kind durch Gehorsam die Liebe verdienen muß. Es entwickelt kein Vertrauen zu sich selbst und den Mitmenschen, solange es nicht um seiner selbst willen angenommen und geliebt wird.

Die Schulausbildung ist auf die Ausbildung des Intellekts ausgerichtet, und im sozialen Umfeld erfährt einer den anderen als Konkurrenten im Leistungswettkampf um gute Schulnoten. Intellektuelle Leistung wird prämiert, während Gefühl, Phantasie und Kreativität nicht gefördert, sondern als unpassend und störend abgewertet werden. Die Schulausbildung ist einseitig auf die Ratio fixiert und vernachlässigt die Persönlichkeitsstruktur des Menschen in seiner Ganzheit. Das Kind lernt so frühzeitig, gut intellektuell zu funktionieren und seine Gefühle und die Verträumtheit nicht weiterzuentwickeln, sondern eher zu unterdrücken. Beides ist jedoch wichtig für die Entfaltung der Liebesfähigkeit, ein hoher Intelligenzquotient spielt dagegen in der Liebe keine Rolle. Die Liebe ist nicht mit dem Intellekt erfaßbar und auszumessen, sie ist davon unabhängig, die Verwirklichung des Selbst, ein wesentlicher Bestandteil der seelischen Gesundheit.

Die Fähigkeit zu lieben wird im Berufsalltag unterdrückt. Jeder sucht seinen Vorteil und sieht in dem anderen einen Konkurrenten. Mit Statussymbolen versucht jeder jeden zu beeindrucken, seinen Neid zu erregen. Auf diese Weise distanziert er sich von den anderen, anstatt Nähe zu gewinnen. Die Gesellschaft besteht aus vielen verschiedenen sozialen Schichten und den verschiedensten Gruppen mit den verschiedensten Ideologien.

Viele glauben, es sei gut und richtig, solchen Gruppen und Ideologien anzugehören, man ist Schwabe, Bayer, Rheinländer, katholisch oder neuapostolisch, christlich, sozial-liberal oder kommunistisch, national, philosophisch, anthroposophisch, emanzipiert, männlich, weiblich, Ästhet, Porschefahrer, alternativ, Atomkraftgegner, Arbeiter, Unternehmer, bürgerlich orientiert, anarchistisch, konsumfreudig, konsumfeindlich, gegen Aggressionen, für freie Sexualität, für die Ehe, gegen die Ehe und dies und das, jeder kann hier selbst seine Ideologie einsetzen oder die seiner Bekannten.

Ideologien trennen, sie führen vielleicht zu einer Diskussion, aber letztendlich trennen sie uns. Der Katholik lächelt über den Evangelischen, der Kommunist verachtet den Kapitalisten, der Akademiker schaut auf den Arbeiter herab, der Porschefahrer fühlt sich dem Citroënbesitzer überlegen, der Ästhet verachtet den bürgerlichen Kitsch und so weiter.

Die Frau fragt beispielsweise den Mann (den sie zufällig oder gezielt in einer Diskothek kennenlernt) nach seinem Beruf, um schnell abzuklären, ob es sich lohnt, sich weiter mit diesem Mann zu beschäftigen. Die beiden Geschlechter sind nicht einfach nur Mann und Frau, sondern Träger von Ideologien, sie gehören zu einer bestimmten Schicht, sie haben ein bestimmtes Einkommen, und sie begegnen sich keineswegs einfach nur als zwei menschliche Wesen mit Charme und Seele, sie sind Objekte auf einem Markt – selbst wenn sie »nur Liebe« suchen und nicht vorhaben, sich bald zu verheiraten. Das ist eigentlich jedem klar, nur gesprochen wird darüber nicht. Es wird so getan, als wäre alles in bester Ordnung und als ginge es nur um die Liebe. Viele wischen diese Erkenntnis schnell beiseite, sie wollen sich nicht voll bewußtmachen, daß sie Marktobjekte sind und selbst im anderen solche Objekte sehen, denn sonst verlieren wir die Achtung vor uns selbst und den anderen.

Ob offen zugegeben und überdacht oder nicht: Wer als Mann nach beruflicher Karriere und Geld strebt, um dadurch leichter eine »schöne Frau« zu erringen, der ist Gefangener des gesellschaftlichen Systems, er sucht zwar Liebe, wird jedoch mit hoher Wahrscheinlichkeit enttäuscht werden. Er wird die für ihn richtige Frau finden, wird sie heiraten und Kinder haben, alles unter dem Deckmantel der glücklichen Liebe, er wird kurz oder nie erleben, was Liebe ist, er wird vielleicht seinen Hund lieben oder einen Sonnenuntergang im Gebirge oder das Einatmen der Luft im Herbst bei einem Waldspaziergang, aber die Liebe zwischen Mann und Frau wird er nicht finden. Er wird in die Midlife-crisis kommen und eine Geliebte haben; vielleicht, wenn er Glück hat, erlebt er dann kurze Phasen von entfalteter Liebesfähigkeit, aber der Alltag wird alles wieder umhüllen mit dem Problemdunst des gefangenen Denkens, der Ideologien und Markterwartungen.

Die gesellschaftlichen Verhältnisse sind nicht günstig für die Entfaltung der Liebe. Und doch sind wir nicht hoffnungslose Opfer, die unausweichlich in diesem Denkkäfig gefangen sein müßten. Wir können die Liebe entfalten, wenn wir nur wollen, allerdings müssen wir uns von allen Ideologien frei machen und unseren Denkkäfig verlassen, nur dann sind wir wirklich frei und von den anderen nicht mehr getrennt. Selbst wenn die anderen von uns durch ihre Ideologien getrennt sind, so haben wir den Vorteil, dies plötzlich hellwach zu sehen und sie so zu sehen, wie sie wirklich sind. Alle Illusionen haben dann ein Ende, und wir sehen das, was wirklich geschieht, nur dann entstehen Verständnis, Nähe und Liebe. Es kommt darauf an, selbst zu lieben, ohne etwas dafür zu bekommen, ohne die Liebe verdienen zu wollen. Wir müssen also lernen, selbst zu sein und zu erkennen, daß das genügt, um glücklich und psychisch gesund zu sein.

Wenn wir frei sind und dadurch alle Angst hinter uns gelassen haben, sehen wir die Gesellschaft und die Menschen mit neuen Augen, und es eröffnet sich plötzlich eine Liebe, die wir bisher nicht kannten, eine Intensität des Gefühls und der Zuneigung, die uns überrascht.

Sicherlich fragen jetzt viele Leser: »Wie geht das? Wie gelange ich in diese Freiheit? Wie kann ich alle Ideologien ablegen? Ist das wirklich richtig oder eine spleenige Idee eines Psychologen?« Sie müssen es selbst ausprobieren und auf seine Richtigkeit überprüfen. Wenn Ihnen klar wird, daß alle Ideologien trennen und Sie an der Liebe hindern, dann legen Sie sie auch beiseite. Wenn Sie nur damit kokettieren und darüber lesen und diskutieren, ist nicht viel gewonnen. Sie können sich aus Ihrem Denkkäfig frei machen, Sie können heute noch aus ihm heraustreten, wenn Sie klar erkennen, daß alle Ideen und Ideologien nur Käfige sind, die Sie daran hindern, zu sehen, was wirklich ist. Durch die Brille einer Ideologie können Sie nicht die Wahrheit finden und Ihre Mitmenschen nicht ganz erfassen, Sie behindern sich selbst, Sie erfahren keine Offenheit, und Sie werden nicht fähig zu lieben. Wenn Ihnen das ganz klar wird, dann treten die Folgen dieser Erkenntnis automatisch in Ihr Leben, denn Sie gelangen zu sich selbst. Wenn Sie ganz bei sich selbst sind und sich annehmen können, so wie Sie jetzt in diesem Moment sind, dann können Sie auch andere annehmen und lieben. Bereits wenn Sie sehen, was wirklich geschieht, kann sich die Liebe entfalten. Das ist die Liebe, die nichts verlangt und die nicht verdient werden muß.

Die Frustration der Begierde

Ich betrachte die Liebe unter den verschiedensten Aspekten und gehe der Frage nach: »Was ist die Liebe?« Es stellt sich heraus, daß die Aufklärung des Phänomens Liebe von großer Bedeutung für das gesamte Leben ist, für die psychische Gesundheit und das Lebensglück. Ich höre mir seit fünfundzwanzig Jahren neugierig an, was andere über die Liebe sagen und schreiben, und ich frage mich seit dieser Zeit: »Ist das wirklich die Liebe?«

Ein Schutt von Vorurteilen des Denkens muß weggeräumt werden, um das zu finden, was wir eigentlich stets wußten, aber nicht wissen »sollten« oder wollten. Die Liebe ist keine komplizierte Angelegenheit, und dennoch ist sie in der Seele der Menschen so selten anzutreffen, weil aus einer einfachen Sache etwas Kompliziertes gemacht wird, weil das Denken und die Ideologien dazwischentreten. Erst dadurch wird die Liebe kompliziert, und sie bringt Kummer und Leid in unser Leben, obwohl sie eigentlich das größte Glück ist und uns psychisch gesund und dynamisch macht.

Ich versuche, diesen Schutt von Vorurteilen und Ideologien abzutragen, damit die Liebe ans Licht kommt, in der Hoffnung, daß viele Leser die Liebe erkennen können. Dies ist jedoch nur eine Hoffnung und keine Gewißheit, weil die weggeräumten Vorurteile und Ideologien schnell wieder nachrutschen.

Kaum sind sie weggeräumt und die Wahrheit wird kurz sichtbar, deckt das Denken mit seinen tausend Argumenten aus den Quellen der Ideologien alles wieder zu. Es handelt sich um ein Abwehrverhalten, einen Widerstand gegen die Erkenntnis. Das alte Denken läßt sich nicht leicht beiseite schieben, es drängt mit großer Macht dazwischen, es will recht behalten. Die Introjekte des Über-Ich sind eine eigenwillige Instanz, sie bekämpfen andere Erkenntnisse so hartnäckig wie Eltern, Lehrer und Ideologen, und dieser Kampf spielt sich in uns selbst ab, mit Fanatismus und Aggression. Lassen wir uns jedoch nicht beirren, denn das Bedürfnis nach Erkenntnis ist die Gegenkraft, um den Introjekten ihre Macht zu nehmen.

Die Liebe ist bei den meisten Menschen mit Begierde verbunden. Wer sich verliebt, möchte den Menschen, den er liebt, besitzen, denn die Sexualität kommt hinzu, und er begehrt ihn auch sexuell. Aus dem Begehren heraus entwickelt er Ideen und Charme, er sucht die sexuelle Erfüllung, er möchte etwas haben, das er sich wünscht.

Die Begierde ist eine starke Kraft, und die Aktion führt zur Erfüllung der Wünsche oder zur Frustration, wenn sich der andere verweigert. Die Frustration ist in der Liebe von starker Wirkung. Ein frustrierter Liebender ist oft so unglücklich, daß er bereit ist, sich selbst und andere umzubringen. Die Begierde führt also im Enttäuschungsfalle zu einer schweren psychischen Krise – zu einer seelischen Erkrankung.

Die Verbindung der Liebe mit der Begierde ist eine Fehlschaltung, es zeigt uns an, daß etwas mit unserer seelischen und geistigen Verfassung nicht in Ordnung ist. Wie kann ich das behaupten, obwohl doch die Verbindung von Liebe und Begierde allgemein als etwas Normales gilt? Die Begierde ist zwar weit verbreitet, aber was statistisch häufig vorkommt, muß nicht normal sein.

Die Liebe, die wir als Phänomen in diesem Buch psychologisch untersuchen – und das ist jetzt sehr wichtig –, ist frei von Begierde. Ich spreche von der reinen Liebe, von der Liebe, wie sie sein sollte, nicht von der im Alltag praktizierten Liebe. Was wir im Alltag unter Liebe verstehen, ist zumeist keine Liebe, sondern eine pervertierte Verirrung, eine Verwirrung von Gefühlen, Ängsten und Vorurteilen. Beobachtet man die Liebe im Alltag, erfährt man viel über die psychische Krankheit der Menschen, die zwar von ihrer Auffassung von Liebe reden, aber nicht wissen, was das wirklich ist, weil sie die Liebe ständig mit anderen Gefühlen und Attributen verwechseln. Sie sprechen von Liebe und halten ihre Gefühle und Begierden für Liebe. Die Begierde wird als zur Liebe gehörig gedacht, oft werden Liebe und

Begierde sogar als Einheit gesehen und Liebe durch das Wort Begierde ersetzt. Das ist falsch. Wenn ich das Falsche herausstelle, so deshalb, weil das Falsche als falsch erkannt werden muß, damit das Richtige hinter dem Falschen sichtbar werden kann. Warum hat die Liebe mit Begierde nichts zu tun?

Die Begierde vertreibt die Liebe. Begierde ist Gier, und sie ist eine seelische Störung. Wer begehrt und nach etwas giert, kann nicht mehr klar erkennen, was wirklich geschieht. Wenn ich einen anderen Menschen begehre, seinen Körper, seinen Geist, seinen Sex, seine gesamte Person oder Teile seiner Person, dann ist die Liebe verloren.

Wenn ich eine Blume liebe, dann betrachte ich sie und freue mich an ihrer Existenz und Lebendigkeit. Wenn ich die Blume begehre, nach ihr giere, dann reiße ich sie aus der Erde oder schneide sie ab und stelle sie in einer Vase auf meinen Schreibtisch. Die Blume wird sterben, ich habe meine Gier befriedigt, ich konsumierte die Blume kurze Zeit. Der Konsum ist rasch vorbei, ich habe die Blume aus Gier getötet, während sie draußen in der Natur weiter am Leben geblieben wäre. Ist das Liebe? Durch meine Gier habe ich sie zerstört, um mich kurz an ihr zu erfreuen. Ist das positive, zärtliche Zuwendung? Kann ich wirklich behaupten, daß ich die Blume liebe, wenn ich sie abschneide und auf meinen Schreibtisch stelle? Sollte sie nicht nur einen dekorativen Zweck erfüllen? Wenn ich sie wirklich geliebt hätte, dann hätte ich sie dort bewundert und geliebt, wo sie war, und ich wäre erschrocken bei dem Ratschlag eines anderen, sie abzuschneiden und in eine Vase zu stellen.

Dieses Beispiel »hinkt« wie jedes Beispiel, wenn ich eine totale Übertragung versuche. Und doch ist etwas an diesem Beispiel übertragbar. Die reine Liebe zu einem Menschen begehrt nicht den Besitz seines Geistes und seiner gesamten Persönlichkeit. Die Liebe reißt einen Menschen nicht aus seiner Verwurzelung, sie beläßt ihn in Freiheit. Ich begehre nicht den Besitz, denn diese Begierde ist eine Krankheit, eine Frechheit, eine große Unsensibilität. Begierde ist Egoismus, aber nicht Liebe. Liebe beläßt den anderen in seiner Unabhängigkeit.

Auch das Streben nach sexueller Erfüllung sollte sich begierdelos ergeben, aus gegenseitiger Liebe in Unabhängigkeit. Die Liebe wird zu unserem Problem, wenn die Begierde wach wird, weil wir nicht warten wollen, sondern so schnell wie möglich konsumieren möchten, den Sex, den Geist, die Persönlichkeit, das ist die Krankheit, sie führt zur Zerstörung der Liebe, nicht zu ihrer Förderung.

Die Liebe ist ein begierdeloses Schauen, ein begierdeloses Erkennen, sie genügt sich selbst, sie entwickelt sich ohne Gier, und ihre Erfüllung geschieht ohne Begierde. Es ist schwer, diesen Gedanken in seiner ganzen Bedeutung zu erfassen, für einen konsumorientierten Menschen, der frustriert und gierig ist, weil er seinen Bezug zur Welt bisher nicht anders erfahren hat.

Liebe und Selbstbewußtsein

Das Selbstbewußtsein hängt zentral mit den vergangenen Liebeserfahrungen und der daraus resultierenden gegenwärtigen Liebesfähigkeit zusammen. Das Selbst kann nur stark und selbstbewußt werden, wenn das Kind sich von den Eltern angenommen fühlt, ohne Einschränkung seiner Lebendigkeit aus Angst vor Liebesentzug. Das Kind kann nur zu sich selbst finden, wenn es selbst sein darf, wenn es »dumm« fragen darf (dumm im Sinne der Eltern), wenn es Erfahrungen machen kann, die die Eltern ängstigen (aber nicht das Kind), wenn es mit seinen Sinnen und seinem Denken frei experimentieren kann, kurz, wenn es individuell und schöpferisch sein darf. Dann hat es die Möglichkeit, die Welt und die Menschen aller Altersstufen und Sozialschichten zu erfahren und daran sein individuelles Selbst zu entwickeln und auch zu stärken.

Selbstbewußtsein kann sich nur entwickeln, wenn man die Möglichkeit erhält, sich seiner selbst bewußt zu werden, wenn man selbstbestimmt leben kann und so wenig als irgend möglich fremdbestimmt wird. Die meisten Menschen wachsen mehr fremd- als selbstbestimmt heran, und sie entwickeln deshalb nur ein schwaches autonomes Selbst. Ist das Selbstbewußtsein erst einmal gestört, sind die Minderwertigkeitsgefühle vorhanden, dann bedarf es für den Erwachsenen großer Anstrengungen, diese »Minderwertigkeitskomplexe« zu kompensieren (wie Alfred Adler es beschrieben hat) oder sie loszuwerden und das Selbstbewußtsein zu stärken oder aufzubauen.

Wer sein Selbstbewußtsein erst einmal verloren hat, neigt später zur Depression oder zur Grandiosität, hinter der sich die verdrängte Depression verbirgt. Die Liebesbeziehung zu einem Partner bietet sich als weites Feld an, um verspätet zu sich selbst zu finden. Die Selbstfindung erfolgt über die Spiegelung im anderen mit den Fragen: »Wie findest du mich? Wer bin ich für dich? Wer bin ich überhaupt? Wer sollte ich sein? Kannst du mich annehmen? Was stört dich; was liebst du an mir?«

Das Kompliment oder die Liebeserklärung führt zu einer kurzfristigen Beruhigung der quälenden Selbstzweifel. Wo kein stabiles Selbst entwickelt werden konnte, kann dies nicht durch ein Kompliment nachgeholt werden. Das Kompliment führt nur zu einer Art Vitaminstoß, der den Lebensmut und die seelische Vitalität steigert, aber das Selbstwertproblem kann dadurch nicht grundlegend beseitigt werden. Für das im Flirt erzielte Kompliment (oder die erflirtete Definition des Selbst) ist man bereit, sich zu verlieben und die Komplimente zurückzugeben. Man steigert sich in eine gegenseitige Grandiosität hinein, die rauschhaft die nach wie vor bestehende Selbstwertproblematik verdeckt. Eine Liebe, die aus der Problematik der noch nicht gelungenen Selbstfindung heraus entwickelt wird, ist meist keine Liebe, sondern ein verzweifelter Selbstheilungsversuch.

Wer sein Selbstbewußtsein durch den Partner steigern will, muß früher oder später erkennen, daß seine Liebe auf Sand gebaut ist, denn die Anerkennung, das Lob und die Komplimente lassen sich nicht lange aufrechterhalten, wenn die Alltagssituationen kommen, die Ängste und Ideologien wecken und das unsichere Selbst wieder in Selbstzweifel stürzen, die alten Abhängigkeiten von der Fremdbestimmung wecken und das alte Leiden des fehlenden Selbstbewußtseins erneut aufbrechen lassen. Die alten Wunden werden jetzt von dem Partner aktualisiert, der einige Tage, Wochen oder Monate zuvor die Vitaminspritzen der Komplimente so beruhigend und beschönigend gegeben hat. Groß ist die Enttäuschung, wenn sich herausstellt, daß auch dieser Partner Fehler »erkennt« und kritisiert, wenn er seinen fremdbestimmenden Einfluß geltend macht. Und wieder tritt Angst auf vor dem Liebesverlust, und wieder fehlt der Mut, autonomes Selbst zu sein, Individualität, Mut, Kraft und Vertrauen ins eigene Selbst zu haben.

Wir müssen erfahren, daß uns niemand fehlendes Selbstbewußtsein geben kann, außer wir uns selbst. Wir mißbrauchen den Liebespartner, wenn wir ihn dazu benutzen, uns Komplimente und Selbstsicherheit zu geben. Eine Liebe, die darauf spekuliert, ist immer zum Scheitern verurteilt, denn bereits ihr Beginn ist von dem krankhaften Wunsch nach Anerkennung bestimmt.

Ist Liebe nicht »Anerkennung finden«? Für den verunsicherten Menschen ja, er fragt immer nach der Liebe des anderen. »Liebst du mich?« Das ist die Standardfrage des selbstunsicheren Menschen. Sehr häufig bekommt er darauf die Antwort: »Wenn du mich liebst, dann liebe ich dich auch.« In dieser Antwort ist die ganze Tragik eines verunsicherten Paares enthalten, das nicht zur Selbstbestimmung gefunden hat.

Liebe ist keine Therapie für mangelndes Selbstbewußtsein. Sie erfordert viel Selbstbewußtsein, damit sie sich realisieren kann, ohne etwas zu erwarten, ohne etwas zu bekommen. Die reife Liebe erfordert autonomes Selbst und Individualität. Das selbstbestimmte Ich verlangt nicht kompensatorisch nach Streicheleinheiten, sondern es fühlt sich glücklich, zu lieben. Liebe ist Zuwendung, Meditation, Kontemplation und Lebendigkeit im Augenblick. Liebe realisiert sich in der Autonomie des Individuellen als ein Ereignis, das keiner Komplimente bedarf – keine Begierde wird geweckt, keine Angst soll verdrängt werden; Liebe ist voll entfaltetes Selbstbewußtsein, das keiner Bestätigung bedarf.

Offenheit der Sinne

Von ganz besonderer Bedeutung für die Entfaltung der Liebesfähigkeit ist die Sensitivität. Was ist unter Sensitivität zu verstehen? Wenn sämtliche Sinne wach und auf Empfang eingestellt sind, dann besteht Bereitschaft zur Sensitivität. Sensitiv sein heißt, offen sein für alles, was um mich herum im jeweiligen Augenblick geschieht. Deshalb hängt Sensitivität mit der bereits beschriebenen Meditation und Kontemplation eng zusammen.

Im Zustand der Meditation bin ich im höchsten Maße sensitiv und kontemplativ. Die Liebe kann sich entfalten, wenn die Sinne geöffnet sind, wenn ich wahrnehme, was sich ereignet, wenn ich bereit bin, die Wahrheit aufzunehmen. Die Liebe ist ein sinnliches Erlebnis, sie kann sich nicht über den Verstand ereignen. Das Denken kann die Liebe zwar wollen und empfehlen, aber es kann die Liebe nicht wecken. Viele glauben, sie könnten die Liebe mit Hilfe des Verstandes oder nach einer Prüfung und Billigung durch ihn sich ereignen lassen. Der Verstand wird dann als Zensor eingeschaltet, er rechnet vor, ob sich eine Liebe lohnt oder nicht; aber die Sensitivität wird dabei gebremst und vom Verstand dirigiert. Der Verstand gilt für »klüger« als die Sensitivität, weshalb sie sich angeblich der »höheren Instanz des Denkens« unterzuordnen hat. Mit dieser Einstellung machen wir unsere Sinne stumpf und zerstören unsere Liebesfähigkeit. Der Verstand wird so zum Widersacher der Sensitivität. Die Auffassung ist weit verbreitet, daß unser Leben nach dem Verstand ausgerichtet werden müsse, und nicht nach der Sensitivität. Sensitiv zu sein und zu fühlen gilt als romantisch und wird als »Gefühlsduselei« abgewertet.

Der Verstand sollte sich aber in die Gefühle und Empfindungen nicht einmischen, denn sonst sorgt er für eine zerstörerische Verwirrung, in der der Verstand siegen möchte und die Gefühle steuern und unterjochen will. Der Kampf zwischen Denken und Sensitivität wird meist zugunsten des Denkens entschieden, weil die westliche zivilisierte Industriegesellschaft dem Intelligenzkult huldigt. Der Verstand gilt als *das* menschliche Spezialwerkzeug, während die Gefühle auf die Ebene der Instinkte und Triebe, auf eine eher »tierische Stufe« abgewertet werden.

Das ist unter psychologischem Aspekt äußerst verhängnisvoll, denn der Mensch ist eine Einheit von Körper und Seele. Innerhalb der Seele haben Gefühle und Verstand verschiedene Funktionen. Fühlen und Denken müssen allerdings trotz ihrer verschiedenen Funktionen miteinander in Harmonie stehen. Die Sensitivität ist die Offenheit der Sinne, sie schafft die Grundlage für das menschliche Erleben. Das Denken ist ein Werkzeug, es sollte nur dann eingesetzt werden, wenn es angebracht ist. Das Denken darf nicht die gesamte Seele überwuchern und durchsetzen. Die Wahrnehmung sollte frei sein vom Denken. Zuerst erfolgt die Wahrnehmung, erst danach kann das Denken einsetzen, sofern es als Werkzeug gebraucht wird.

Die Sensitivität benötigt das Denken nicht. Die Sinne nehmen das auf, was geschieht, sie erfassen den Augenblick; hierfür ist das Denken mit seinen Vorurteilen und Meinungen eher hinderlich. Wenn sich das Denken in den Wahrnehmungsvorgang einschaltet, entsteht Verzerrung und Täuschung, man sieht die Wirklichkeit nicht mehr unvoreingenommen und frisch, sondern selektiv nach den Richtlinien des Denkens.

Der sensitive Mensch sieht die Wirklichkeit im Vergleich zum Verstandesmenschen, um einmal grob zu vereinfachen, in verletzlicher Unbefangenheit, er erfaßt jeden Moment neu, und die Wirklichkeit offenbart sich ihm in unerschöpflicher Frische, er langweilt sich nicht. Beispiel: Der Verstand sagt: »Warum soll ich den Waldspaziergang machen? Ich habe schon viele Waldspaziergänge gemacht. Ich weiß, wie der Wald aussieht, deshalb langweilt mich der Spaziergang.« Der sensitive Mensch hat auch schon viele Waldspaziergänge gemacht, aber sein Verstand sagt nicht, daß er den Wald kennt, und zieht daraus nicht den falschen Schluß, daß ihn der Wald langweilt, sondern er hat erfahren und erfährt täglich neu, daß er aufgrund seiner Sensitivität in jedem Moment alles neu erlebt. Der Augenblick eröffnet sich mit neuer Frische. Er sieht eine Amsel auf einem Drahtzaun sitzen, er beobachtet den Flug der Schwalben und hört die Raben von ferne krächzen, er hat das schon hundertmal gesehen und gehört, und doch ist es in diesem Moment neu und frisch, lebendig, unerschöpflich und schön. Der Verstandesmensch kann das nicht verstehen, denn es ist für ihn »nicht logisch«, und doch ist die sensitiv erfaßte Wirklichkeit nie alt und langweilig. Wenn der Verstand still ist und die Sinne sich öffnen, dann ist alle Langeweile, alles Alte und Bekannte wie Rauch verflogen, dann eröffnet sich der sensitive, meditative und kontemplative Zustand des Seins. In diesem Zustand wird Liebe wach und lebendig. In diesem Moment ist die Liebe neu, und die Liebesfähigkeit ist da.

Der Verstandesmensch bewertet nicht nur den Waldspaziergang als bekannt und langweilig, sondern auch die Menschen, die er kennt, seinen Liebespartner und natürlich auch die Sexualität, die er mit seinem Lebenspartner erlebt. Die sexuelle Triebspannung baut sich zwar immer wieder körperlich neu auf, aber psychisch ist er dennoch gelangweilt, und die Sexualität wird zu einer unsensitiven Körperfunktion, denn die Liebe ist erloschen. Die Liebe kann nur entstehen, wenn Sensitivität, Offenheit für den Augenblick, besteht, dann kann sich die Wirklichkeit in ihrer Lebendigkeit und Unerschöpflichkeit voll offenbaren, dann lebe ich im Sein, erst dann fühle ich mich liebesfähig und glücklich anstatt gelangweilt, stumpf und niedergedrückt. Der Verstand ist es, der uns zu gelangweilten, stumpfen und gedrückten Wesen macht, nicht die gesellschaftlichen Verhältnisse oder die Vererbung oder das Leben mit seinen Wiederholungen. Was für den Verstand eine bloße Wiederholung sein mag, ist für die Sensitivität die frische, neue und unerschöpfliche Wirklichkeit.

Die Vereinigung von Sensitivität, Kontemplation und Meditation in liebender Zuwendung schafft im jeweiligen Augenblick den Zustand vollkommener Liebe. Für diesen Seinszustand schlage ich vor, das Wort »Liesens« zu gebrauchen. Liesens ist der höchste Seins- und Erlebenszustand, den ein Mensch erreichen kann.

Was ist Schönheit?

Ist Schönheit Geschmacksache, also etwas Individuelles, oder gibt es eine übergeordnete Schönheit? Diese Frage ist sehr schwer zu beantworten. Es gibt Schönheitsideale, die der jeweiligen Mode unterworfen sind und zu einer bestimmten Zeit von vielen Zeitgenossen anerkannt werden. Es herrscht dann eine stillschweigende Übereinkunft darüber, was als schön gilt und als schön empfunden wird.

Wenn wir unsere ästhetischen Wertmaßstäbe aus den jeweiligen Normen der Zeit beziehen, ist die Bewertung der Schönheit an den Verstand als Zensor gebunden. Wir können jedoch die Schönheit auch für uns ganz allein und individuell entdecken. Dann müssen wir unsere Sinne sensibilisieren. Der sensitive Mensch kann die Schönheit für sich selbst erfahren, ohne von Normen und ästhetischen Maßstäben beeinflußt oder blockiert zu sein. Der sensitive Mensch öffnet sich ganz der Gegenwart und läßt über seine Sinne den Augenblick in sich eindringen. Der Verstand kommt dann zur Ruhe und mischt sich nicht mehr mit Bewertungen ein. Wenn das Denken ruhig geworden ist und die Sinne wach sind, dann entsteht innerhalb dieser Sensitivität und Kontemplation die Meditation. Im Zustand der Meditation kann ich Schönheiten erleben, die mir bisher verborgen blieben, weil sie der Verstand mit seiner Unruhe und stumpfmachenden Wirkung auf die Sinne zugedeckt hat.

Wenn ich sensitiv die Wirklichkeit aufnehme, entdecke ich für mich neue Schönheiten, dann besteht erst die Möglichkeit dafür, sie zu erfahren. Dann sehe ich die Moosbewachsung einer Steinwand und sehe das vielfältige Farbenspiel im Gewirr von Licht und Schatten. Ich beobachte die Katze, wie sie in der Sonne sitzt und sich das Fell leckt. Ich sehe die geschmeidigen Bewegungen und die innere Ausgeglichenheit des Tieres, seine Ruhe und Zufriedenheit in diesem Augenblick. Ich erfahre individuell in diesem Moment die Schönheit dieses Tiers.

Ich gehe auf einer Großstadtstraße und betrachte die Menschen, die mir entgegenkommen. Ich sehe in die Gesichter und erkenne die verschiedensten Stimmungen, manche sind gedrückt, wirken stumpf, andere hängen ihren Gedanken nach, sie wirken apathisch oder konzentriert, andere sind ausgelassen, heiter, sie lachen und albern in einer Gruppe miteinander, eine alte Frau ist zu stark geschminkt, ein junger Mann spielt an einer Ecke Gitarre, ein Pflastermaler malt mit bunter Kreide ein Christusbild auf die Straße, die Menschen bleiben stehen und betrachten das Bild. Das ist ein ganz alltäglicher Straßenbummel mit Beobachtungen, die jeder schon gemacht hat. Aber es besteht ein Unterschied, ob ich sensitiv erfasse, ob ich meditativ bin oder geschäftig schnell mein Ziel erreichen will, in Gedanken verloren, zum Beispiel über ein Gespräch mit einem Berufskollegen. In der meditativen und sensitiven Verfassung sehe ich anders, und ich kann die Schönheit im Alltäglichen erkennen, eine Schönheit, die nur dann sichtbar werden kann.

Das Erlebnis dieser Schönheit verschafft innere Ruhe, Entspanntheit, Lebensfreude und Liebesfähigkeit. Wenn ich die Schönheit im Alltag erkenne, dann kann ich den Alltag mit seinen sich täglich wiederholenden Einzelheiten lieben. Diese Erfahrung ist beglückend, und sie steigert das Lebensgefühl, sie eröffnet mir die Glückseligkeit des Augenblicks, der Schönheit und der Liebe.

Mit der Sensitivität und meditativen Haltung begegne ich den Mitmenschen in einer offenen und verletzlichen Weise. Ich bin fähig, täglich neue Schönheiten in den Gesichtern zu entdecken, und das herkömmliche Schönheitsideal verliert an Bedeutung.

Wenn ich einen Menschen genau betrachte und in mich aufnehme, der nach den üblichen Schönheitsnormen »durchschnittlich« aussieht, eröffnet sich mir seine ihm ganz individuell eigene Schönheit. Wenn ich einen Menschen genau betrachte und ganz in mich aufnehme, wenn ich ihm zuhöre, wenn ich still sein kann, ohne mich in Szene zu setzen, etwas gelten zu wollen oder Angst vor ihm zu haben, dann kann ich in seiner Individualität seine Schönheit erkennen – allerdings auch seine Häßlichkeit. Ein nach den Normen »schöner« Mensch kann zum Beispiel bei genauer Betrachtung auch häßlich werden, wenn ich seine Enge erkenne, seinen Haß, seine Eitelkeit und seine Aggression. Die Schönheit und Häßlichkeit ist dann nicht mehr abhängig von Normen, sondern sie stellt sich unabhängig davon durch eine tiefergehende Betrachtung ein.

Häßlichkeit oder Schönheit verlieren an vordergründiger Bedeutung, sie werden unwichtiger, denn das Erkennen, das sensitive Erleben ist wichtiger als die Bewertung. Ich bin in der Lage, auch die Häßlichkeit zu erfassen, ohne sie zu verdrängen oder zu verurteilen. Das Häßliche wird zu einem Bestandteil im Gesamtbereich der Realität, und das Etikett wird unwichtig. Das Häßliche besitzt gleichfalls Schönheit, und im Schönen ist das Häßliche mitgegeben. Die Liebe ist zu beidem möglich, weil die Liebe zur Realität vor ästhetischen Bewertungen an Bedeutung gewinnt. Dieser Vorgang ist sehr schwer zu verstehen, solange er nicht erlebt wird. In der Sensitivität wird Schönheit und Häßlichkeit zwar intensiv erlebt, aber beides erhält einen neuen Glanz, eine Frische, die das Häßliche nicht abwertet. Das Häßliche wird zu einem Stück Realität und gewinnt dadurch an Schönheit. Es ist unwichtig, ob etwas häßlich ist, denn ich bin in der Lage, die Realität so zu erfahren, wie sie ist, und sie erhält für mich eine neue Art von Schönheit, eine Erlebnisschönheit, die auch im Häßlichen liegt. Die konventionellen ästhetischen Maßstäbe verschwinden aus meinem Verstand, und es zählt nur die Lebendigkeit in ihrer Wandlung und Unerschöpflichkeit.

Richtiger Umgang mit dem Denken

Schon mehrmals wies ich darauf hin, daß das Denken ruhig werden muß, damit sich Sensitivität, Meditation und Liebe entfalten können. Um nicht mißverstanden zu werden, möchte ich nochmals auf dieses Problem zu sprechen kommen. Ich bin kein Gegner des Denkens und werte nicht die menschliche Vernunft ab. Im Gegenteil, ich schätze die Leistungen, die aus einem logischen und vernünftigen Denken resultieren, sehr hoch ein. In seiner intelligenten Denkfähigkeit, beispielsweise in der Höhe des Intelligenzquotienten (IQ), überragt der Mensch das Tier um ein Vielfaches. Die menschliche Intelligenz ermöglicht Denkleistungen, die in der Entwicklungsreihe der Lebewesen im Vergleich zum Tier ein phantastischer Sprung sind. Diese Leistungen sollen nicht abgewertet oder gar als teuflisch, unmoralisch, zerstörerisch usw. etikettiert werden, denn das wäre eine zu einfache Verallgemeinerung.

Das Denken hat für den Menschen eine wichtige biologische Aufgabe als Werkzeug, es hilft ihm in der Natur (und hoffentlich auch in der Zivilisation) zu überleben. Wenn ich eine Brücke von einem zum anderen Ufer eines Flusses bauen will, dann muß ich das Denken einsetzen, und es wäre falsch, die Brücke allein mit der Sensitivität oder Meditation bauen zu wollen. Wenn ich Waren verkaufe, dann muß ich Preise kalkulieren, kaufmännische Regeln befolgen, und hierfür ist selbstverständlich Intelligenz erforderlich. Wenn ein Affe in einem Käfig mit drei Kisten sitzt und eine Banane hängt an der Käfigdecke, dann muß er denken, um die Kisten aufeinanderzustapeln, um die Banane durch Hinaufklettern zu erreichen. Das Denken ist also sehr wichtig und in den geschilderten Fällen höchst angebracht. Es wäre töricht oder naiv, dieses Denken abzuwerten.

Da die Intelligenz für den Menschen im Vergleich zu allen anderen Lebewesen eine besondere Bedeutung hat, weil er diese Fähigkeit in besonderer Weise in seinem Erbgut durch seine Gehirnentwicklung erhält, neigt er verständlicherweise dazu, sie als ein kostbares Gut hoch einzuschätzen und auch zu überschätzen. Er wird leicht dazu verführt, die Vernunft besonders zu betonen und auf die Entwicklung dieser Fähigkeit großes Gewicht zu legen. Er neigt zu einem »Intelligenzkult«, besonders in einem technischen Industriezeitalter, in dem die mit Hilfe des Verstandes entwickelten Produkte ihn überall umgeben. Es ist verständlich, daß die Instanz des Denkens, die von Kindheit an einseitig geschult wird, ohne die anderen seelischen Instanzen wie Gefühle, Wahrnehmung und Liebe auszubilden, dann nicht nur als Werkzeug für die Lösung von Sachproblemen eingesetzt wird, sondern auf die gesamte Persönlichkeit und auch auf seelische Probleme Einfluß nimmt. Wie geschieht das konkret?

Das Denken, das ein Teil der Psyche ist, mischt sich als oberste Instanz auch in andere Teile der Psyche ein und versucht, diese Teile zu beeinflussen, zu steuern oder zu unterdrücken. Ein Beispiel:

Mit Sensitivität möchte ich etwas betrachten und erfahren, aber der Verstand durchsetzt dieses Erleben mit seinen Ideen. Ich möchte eine Rose sensitiv erleben, aber der Verstand erklärt das zum Beispiel für »Zeitverschwendung«, und er sagt mir: »Vernünftiger wäre es, die Rose zu zerpflücken, festzustellen, wie viele Blätter sie hat und wie die zerlegten Teile aussehen, zu prüfen, wie die Rose innen aussieht.« Das mag sinnvoll sein, wenn ich Wissenschaftler bin und die Rose beruflich erforschen will. Wenn ich kein Wissenschaftler bin, dann kann dieses analysierende Verhalten auch die Folge von einer natürlichen Neugierde sein. In diesen Fällen ist der Einsatz des Denkens durchaus angebracht und sinnvoll. Aber es handelt sich um eine seelische Verarmung, wenn ich aufgrund der Macht des Verstandes nicht mehr in der Lage bin, die Rose auch ganz anders, ohne Einsatz des Denkens, sensitiv, meditativ und liebend zu erleben. Es wäre falsch, dieses Erleben als zweitrangig oder unbedeutend abzutun.

Das Denken hat seine wichtige Werkzeugfunktion, die ich ihm keinesfalls absprechen oder nehmen möchte, aber die Sensitivität hat eine andere Aufgabe, mit der das Denken nichts zu tun hat. Der Verstandesmensch möchte bei seiner Arbeit, wenn er eine Brücke baut, die Gefühle weglassen, denn sie haben dabei nichts zu suchen. Wenn aber das Denken seine Arbeit getan hat, was dann? Wenn ich dann eine Blume betrachte, muß ich das Denken weglassen können, denn ich brauche keine Intelligenzleistung zu vollbringen, wenn ich erlebe. Die Welt der Sensitivität ist eine andere als die Welt, in der Denken gebraucht wird. Meine Psyche benötigt auch diese Welterfahrung, in der das Denken still ist, damit ich mich als Gesamtpersönlichkeit entfalten kann. Wenn sich das Denken in die Sensitivität einmischt, entsteht Verwirrung.

Es sieht jetzt so aus, als wären Denken und Gefühl unversöhnliche Gegensätze. Das ist jedoch nicht so, denn Gefühl und Denken können sich gegenseitig ergänzen, wobei der Einfluß des Gefühls auf das Denken fruchtbarer ist als umgekehrt.

Das Denken hortet Wissen, es bewegt sich im Bereich der Logik, es sammelt Erfahrungen und ist der Ort der Informationsspeicherung und der Regeln. Das Gefühl sammelt dagegen nicht, sondern es lebt und entfaltet sich neu von Augenblick zu Augenblick. Psychisches Wohlbefinden findet auf der Basis der Gefühle statt, nicht auf der Ebene des Verstandes. Der Verstand mag tausendmal sagen: »Es gibt keinen vernünftigen Grund zur Trauer«, oder: »Ich bin jetzt nicht mehr traurig.« Das hat keinen Einfluß auf das Gefühl, denn es ist die Basis, auf der ich psychisch stehe, so wie der Körper die Basis für das Gehirn ist. Der

Körper ist ursprünglicher, er muß gesund sein, damit das Denken überhaupt richtig arbeiten kann. So muß auch das Gefühl im seelischen Bereich sich entfalten können, damit der Mensch sich in seiner Gesamtheit psychisch wohlfühlen kann. Der Verstand sollte sich hier nicht einmischen, denn er kann mit seinen Ideen nur verdrängen, verwirren oder ablenken, aber er kann das Problem der Traurigkeit nicht lösen. Psychische Probleme können nicht mit dem Denken gelöst werden, sondern nur mit dem Einsatz der seelischen Instanz der Sensitivität und Meditation. Der Verstand kann keine Traurigkeit beseitigen, das kann nur die Psyche. Wenn ich traurig bin, dann muß ich diese Traurigkeit erleben, sie aufmerksam betrachten, sie erfühlen und durchfühlen, damit sie sich dadurch langsam auflösen kann, ohne aktives Wollen oder Streben. Sensitivität bleibt nicht krankhaft bei der Traurigkeit stehen, das geschieht nur, wenn sie der Verstand unterdrücken oder bagatellisieren will, sondern sie wird durch den Einsatz der Sensitivität verarbeitet. Das Leben und Erleben ist ständige Wandlung, und wenn ich mich dieser Wandlung alles Lebendigen völlig hingebe, ohne den Verstand einzuschalten, dann schwindet alle Angst, und ich habe Vertrauen zum Leben. Der Verstand ist meist voller Mißtrauen, aber die Sensitivität und Meditation kennt kein Mißtrauen.

Wenn ich den Verstand mit seinem Denken ausschalte, dann kann sich die Liebe ereignen. Wenn sich der Verstand in das Erleben mit seinen Ideen einmischt, entstehen Verwirrung, Verkrampfung, Konflikt, Angst und psychisches Leid.

Richtiger Umgang mit der Zeit

Mit der Zeit ist es ähnlich wie mit dem Denken; das Einplanen und Erfassen der Zeit hat Werkzeugcharakter. Da das menschliche Zeitgefühl ungenau ist, benutzt man als Prothese die Uhr. Die Uhrzeit benötige ich, um Geschäfte zu machen, um etwas zu planen oder zu organisieren. Die psychologische Zeit ist dagegen etwas ganz anderes als die Uhrzeit. Wenn ich auf die Zukunft bezogen bin und mit Hoffnung etwas erwarte, dann geht die Zeit quälend langsam vorüber, und ich werde stumpf für die Gegenwart.

Die Sensitivität geschieht ohne das Denken und in Zeitlosigkeit. Während ich intensiv erlebe und ganz in der Gegenwart aufgehe, ist das Zeitgefühl (das Registrieren einer Zeit) verflogen, und es herrscht Zeitlosigkeit. Der Zustand der Zeitlosigkeit besteht, wenn ich völlig in der Gegenwart lebe, im Hier und Jetzt aufgehe. In diesem Zustand gibt es keine Vergangenheit und keine Zukunft, sondern nur intensives Erleben.

Im Alltag spielt die Uhrzeit eine große Rolle, nicht nur im Beruf, sondern auch im privaten Bereich. Wir beschäftigen uns viel mit der Vergangenheit oder Zukunft, während die Gegenwart unerlebt vorübergeht. Wer in der Vergangenheit kramt oder die Zukunft ausmalt, versäumt die Gegenwart. Das Denken lebt in der Zeit, es wiederholt die Vergangenheit oder plant die Zukunft, und es hindert uns auf diese Weise am Erleben. Das Denken klammert sich an die Zeit, wogegen sich die Sensitivität und Meditation nur entfalten können, wenn das Denken in Zeitvorstellungen aufhört. Die Zeit gehört in den Bereich des Denkens. Wenn die Zeit an Bedeutung verliert, wenn das Denken still wird, dann kann die Zeitlosigkeit des Erlebens entstehen. Ohne Zeit und Denken in der Gegenwart aufzugehen, halten viele für dumm, naiv oder stumpfsinnig, wie ich aus Gesprächen weiß. Das ist jedoch falsch.

Ich sitze an einem Tisch in einem Garten mit vielen Obstbäumen. Von diesem Garten hat man durch die Bäume hindurch einen herrlichen Blick über die ganze Stadt. Es ist ein Spätsommertag. Die Sonne scheint strahlend und hell, es ist warm, aber nicht heiß oder schwül. Ich betrachte die Bäume und das Licht zwischen den Blättern. Rauchschwaden ziehen herüber, weil irgendwo in einem der anderen Gärten jemand Papier und Unkraut verbrennt. Ein leichter Wind mischt verschiedene Gerüche von faulendem Obst, Heu und Rauch. Die Gerüche wechseln laufend. Ein Apfel fällt vom Baum und schlägt mit dumpfem Geräusch im Gras auf. Der Lärm der Stadt dringt nur gedämpft herauf. Die Stadtgeräusche werden manchmal stärker und nehmen dann wieder ab. Ab und zu ist eine einzelne Stimme herauszuhören, eine Mutter, die ihr Kind ruft, und Geschrei von spielenden Kindern, Lachen und ihre Zurufe.

Wenn die Sonne hinter einer Wolke verschwindet, werden alle Farben plötzlich dunkler und dumpfer. Wenn sie wieder hervorkommt, erscheinen sogar die Vogelstimmen lauter und fröhlicher. Die Sonne legt Glanz auf die Dächer, sie fällt schräg auf die Stadt, und es entsteht eine Lichtvibration über manchen Dächern.

Ein Vogel setzt sich auf eine Astgabel. Sein Schwanz zittert erregt auf und ab, dann fliegt er wieder weg. Ich atme die Luft tief ein, und trotz der vielen Geräusche herrscht in diesem Garten Ausgeglichenheit und Ruhe. Die Blätter bewegen sich im Wind, und ab und zu fällt ein verwelktes Blatt vom Baum ins Gras.

Ich denke an nichts, nehme nur mit allen Sinnen wahr, was um mich herum geschieht. Es gibt in diesem Moment keine Vergangenheit, kein Grübeln über ein Erlebnis und kein Planen für die Zukunft. Die Vergangenheit ist verschwunden, und die Zukunft (auch die nächste Stunde oder das Morgen) ist unwichtig. Vergangenheit und Zukunft existieren in diesem Moment nicht. Trotzdem bin ich hellwach, und ich nehme mit gespannter Aufmerksamkeit alles wahr. Das Denken ist ruhig, und es herrscht Zeitlosigkeit. Ich bin zwar allein, aber es besteht keine Einsamkeit oder Isolation.

Ich fühle mich mit dem Augenblick und dem, was gerade geschieht, verbunden. Ich denke nicht darüber nach, und das Denken stellt keine Fragen, es sucht nicht nach Antworten. Die Zeitlosigkeit der Gegenwart ist keine Reduktion, sondern sie offenbart Fülle. Die Wahrnehmung dieser Fülle ist nicht verwirrend. Trotz der Vielfalt besteht das Empfinden von Einheit, Ordnung und Sinnhaftigkeit. Die Sensitivität erschließt eine absichtslose Schönheit im Gegensatz zur gemachten, künstlichen Schönheit der Kunst. Was mich umgibt, ist Leben, und durch die Sensitivität kann das Leben in mich eindringen, es ist ein Erleben, das glücklich macht und Liebe entstehen läßt. Es ist kein Platz für Haß oder Zerstörungslust.

Dieses Erlebnis schafft Verständnis, ohne daß Denken eintritt oder die Zeit eine Rolle spielte. Es ist ein Verständnis von ganz anderer Art, als es das logische Denken ermöglicht. Es ist ein ursprüngliches Erleben, das keine Worte kennt und keine Worte braucht. Es ist in der völligen Aufmerksamkeit erlebte Wahrheit. Es ist ein Erkennen ohne Namen. Alles Verlangen und jede Begierde ist weit weg, weil das Denken mit seinen Worten und Schlußfolgerungen schweigt.

Die Kunst des Alleinseins

Das beschriebene Beispiel der Zeitlosigkeit ohne Denken – in voller Aufmerksamkeit und Wachheit – zeigte das Erleben der Gegenwart in Sensitivität. Das Erleben kann nur in mir selbst stattfinden, es kann mir kein anderer vermitteln, wenn ich ihn nach seinen Eindrücken oder Erfahrungen frage.

Die meisten Menschen vermeiden das Alleinsein wie eine Krankheit. Für sie ist Alleinsein eine Qual, weil sie sich davor fürchten, ganz auf sich selbst und das eigene Erleben gestellt zu sein. Es handelt sich hierbei nicht um eine Furcht vor der intensiven Sensitivität, sondern um eine Furcht vor dem eigenen Denken. Ich höre immer wieder: »Wenn ich allein bin, dann stürmen die Gedanken auf mich ein, dann komme ich ins Grübeln, und es tauchen unangenehme Erlebnisse auf, oder ich bekomme Angst vor der Zukunft.«

Das Denken ist vergangenheits- oder zukunftsorientiert. Es lenkt von der Gegenwart ab und läßt deshalb keine Sensitivität aufkommen. Um dem Denken im Alleinsein zu entkommen, flüchten sich viele in Geselligkeit, in Gespräche, Diskussionen, Aktionen und Sensationen. Sie flüchten nicht vor dem Erleben, sondern vor ihrem Denken, das sie am Erleben hindert.

Deshalb ist es so wichtig zu lernen, das Denken abzuschalten. Das Denken mit seinen Erinnerungen, Bezügen, Schlußfolgerungen, Zukunftsplänen und Worten muß still werden, damit sich in der Gegenwart intensives Erleben entfalten kann. Dann ist Alleinsein keine quälende Einsamkeit, sondern ein wunderbares, befreiendes Erlebnis, eine Erfahrung der Lebensintensität, die Glückseligkeit, Erfrischung und Offenheit zu lieben mit sich bringt.

Wir müssen lernen, allein sein zu können, weil es keinen anderen Weg in die individuelle Zufriedenheit und Freiheit gibt. Mit Zufriedenheit ist nicht Befriedigung gemeint, denn Befriedigung ist etwas Oberflächliches. Nur wenn ich allein sein kann, ohne mich dabei einsam oder verloren zu fühlen, bin ich wirklich frei. Wenn ich in Geselligkeit fliehe, um mich von meinen Gedanken abzulenken, bin ich ein Gefangener meiner Gedanken. Jede Flucht ist ein Zeichen von Unfreiheit. Persönliche Freiheit ist erst dann möglich, wenn ich mich auf meine Existenz als Individuum einlasse. Die Wahrheit ist doch, daß ich in meiner Existenz allein, also ich selbst bin. Wenn ich geboren werde, bin ich allein, wenn ich Schmerzen empfinde, sind es meine Schmerzen, die

Lust ist meine Lust, die Angst ist meine Angst, das Glück ist mein Glück. Wenn ich sterbe, bin ich allein; ich sterbe, auch wenn drei, zwanzig oder mehr Menschen in meinem Zimmer stehen.

Alleinsein ist eine existentielle Aufgabe, die ich während meines Lebens lösen muß, ohne zu fliehen. Ich muß mich mir selbst, meinen Wahrnehmungen und Gefühlen stellen.

Wenn ich mich dem Alleinsein, meiner Individualität stelle, können Glück, Selbstbewußtsein, Liebe und Freiheit wachsen. Im Alleinsein und sensitiven Erleben liegt das Geheimnis der seelischen Zufriedenheit und Freiheit. Dieses Alleinsein heißt nicht, ein Einsiedler oder Eigenbrötler zu sein, dieses Alleinsein ist auch keine quälende Einsamkeit oder Isolation. Im Gegenteil, im wachen Alleinsein, in einem ganz bewußten »Auf-mich-selbst-Konzentrieren« wird die Isolation überwunden, denn ich fühle mich der Umwelt auf eine intensive und tiefe Art und Weise verbunden. Die Sensitivität überschreitet Isolation und Trennung, sie führt zur Verbundenheit, zu einer vom Gefühl getragenen Verbundenheit, nicht zu einer oberflächlichen Verbindung mit Worten oder Ideen, die aus dem Denken kommen. Das Denken kann nicht aus der Isolation herausführen, denn das Denken mit seinen Idealen und Ideologien führt zur Trennung.

Auch in Gesellschaft ist das Alleinsein immer allgegenwärtig. Ich fühle mich dann vielleicht weniger isoliert und einsam, aber ich bin immer noch allein und kann nur aus dem Alleinsein, aus meiner Selbstbewußtheit heraus, aus der Aufmerksamkeit meiner Sinne die Wahrheit um mich herum erfassen.

Ich betrachte die Menschen als Ganzheit, ich höre ihre Worte, ich nehme sie in mich auf und erfahre so ihre Bedeutung, die hinter den Worten steht. Die Wahrheit und die Schönheit sind hinter der Fassade der Worte und des Make-up zu finden, im konzentrierten Ich-Sein. Auch in Gesellschaft darf ich das Bewußtsein des Alleinseins nicht verlieren, um genau erkennen zu können, was um mich herum vorgeht. Dieses Alleinsein ist keine Isolation. Wenn ich mich in die Geselligkeit stürze, um dem Gefühl der Isolation zu entfliehen, kann keine Gemeinsamkeit entstehen, weil ich mich auf der Ebene des Denkens, der Worte und der Sensationen befinde. Gemeinsamkeit ist keine Kumpanei. Das wäre nur ein oberflächliches Gefühl der Verbundenheit, aber keine tiefgehende Gemeinsamkeit.

Die Trennung zweier Menschen kann nicht durch Worte und gleiche Ideologien aufgehoben werden. Die Trennung kann durch nichts völlig aufgehoben werden, so schmerzlich das für einen vor sich selbst fliehenden Menschen auch sein mag. Aus dem Alleinsein heraus, nicht aus quälender Einsamkeit, kann Gemeinsamkeit entstehen. Hierzu sind keine Worte, Ideen, Ideologien, Rassentheorien, Glaubensidentitäten erforderlich. Aus der Sensitivität heraus entsteht echte Gemeinsamkeit, die Liebe zu dem anderen ist.

Liebe und Gemeinsamkeit ist nicht die »Überwindung des Alleinseins«, denn das Alleinsein ist durch nichts außer Kraft zu setzen, so sehr ich das auch wünsche und erstrebe. Dem Alleinsein entfliehen zu wollen, zeigt immer eine psychische Störung an, die allerdings sehr stark verbreitet ist. Das ändert jedoch nichts daran, daß es sich um eine Störung handelt.

Es ist unmöglich, dem Alleinsein zu entfliehen, genauso unmöglich, als wollte ich mich an den eigenen Haaren aus einem Sumpf ziehen. Ich muß mich dem Alleinsein bewußt stellen und muß erkennen, daß es nicht möglich und auch nicht erstrebenswert ist, das Alleinsein »zu überwinden«. Ich muß mich mit dem Alleinsein abfinden und aus dem Alleinsein heraus, aus meinem Selbst heraus, leben. Nur dann bin ich in der Lage, mich anderen Menschen sensitiv und meditativ zuzuwenden. Die Zuwendung, wie bereits früher beschrieben, ist keine Flucht, sie respektiert den anderen als Individuum und strebt keine Geselligkeit als Droge der Wirklichkeitsflucht an. Zuwendung, wenn sie mit Sensitivität geschieht, hebt nicht die Getrenntheit auf, sondern schafft eine Gemeinsamkeit auf der Basis von Liebe. Liebe hebt das Alleinsein nicht auf, um dadurch Angst zu mildern. Liebe ist Getrenntheit ohne Angst vor dem anderen, es entsteht eine Gemeinsamkeit, die über Ideologien steht und den anderen nicht verändern will, sondern ihn respektiert, auch wenn er Ideologien äußert und man selbst andere Ideologien vertritt oder frei von jeder Ideologie ist.

Lust und Leid

In den bisherigen Kapiteln wurde deutlich, daß die Liebe ein allgemeines Prinzip ist und nicht an einen heterosexuellen Partner gebunden ist. Man erfährt im Leben die Liebe zur Mutter, zum Vater, zu einem Lehrer (wenn man Glück hat), zur Natur, zu sich selbst, zu Gott, zu Freunden, zu Kunstwerken usw. Die Liebe ist nicht an einen Geschlechtspartner gebunden, sondern sie kann sich in jedem Augenblick allem, was mich umgibt, zuwenden. Das versuchte ich durch die bisherigen Beispiele und Erklärungen bewußt und verständlich zu machen. Ich erachte das für sehr wichtig und habe deshalb viele Seiten dafür verwendet, die Liebesfähigkeit als allgemeines Phänomen darzustellen. Ganz grob gesprochen handelt es sich hierbei um die Liebe zum Leben. Jeder kennt die Liebe zur Natur, zu den Bäumen, zum Wasser, zum Gestein, zum Sonnenschein, zur Wolkenbildung, zu Gerüchen, Geräuschen und Melodien. Alle Sinne sind an diesen Liebeserlebnissen beteiligt. Die Liebe geht über die Sinne, nicht über das Denken, und die Sinne müssen deshalb geöffnet und wach sein. Das ist Sensitivität, von der soviel die Rede war.

Auch die Liebe zu einem Geschlechtspartner wird über die Sensitivität geweckt, hier besteht kein Unterschied zu diesem allgemeinen Prinzip. Es kommt jedoch noch etwas anderes hinzu – die Sexualität und die Lust durch die Sexualität. Dieses gänzlich Neue und andere möchte ich nun untersuchen und in den richtigen Zusammenhang stellen.

Die Sexualität wird genauso sensitiv erfaßt und aufgenommen wie alles andere, was mich im Leben umgibt, aber die Sexualität verschafft darüber hinaus noch die Lust der sexuellen Befriedigung. Diese Lust kommt nicht allein aus den Sinnesorganen, sondern wird von den Sexualorganen erzeugt und ist an sie gebunden. Das Streben nach dieser Lust ist mit den Sexualhormonen verknüpft, ein körperliches Triebgeschehen.

Das triebhafte Streben nach Lust macht die Liebe zu einem Partner so konfliktgeladen und führt zur Verwirrung, weil sich Liebe und Streben nach sexueller Lust leicht vermischen.

An erster Stelle steht immer die Liebe, sie muß zuerst da sein, wenn sich die sexuelle Lust in voller Schönheit entfalten soll. Suche ich nur nach sexueller Lust, ohne die Liebe zu erfahren, werde ich immer enttäuscht und ernüchtert sein. Das alleinige Streben nach Lust führt zwar zu einer körperlichen Befriedigung, aber zu seelischer Leere. Wenn keine Liebe da ist, hinterläßt die Lust eine besonders kraß empfundene Leere, sie ist seelisches Leid und seelischer Schmerz.

Die Liebe ist viel wichtiger als die Lust, obwohl für einen Erwachsenen die Lust natürlich nicht unwichtig ist. Das möchte ich näher erklären. In der Entwicklung des Menschen bilden sich die Sexualfunktionen mit der spezifischen sexuellen Lustempfindung erst spät aus, zwischen dem elften und dreizehnten Lebensjahr. Das hat seinen guten Grund.

Zuerst wird die Liebesfähigkeit und Sensitivität entwickelt – die Sensitivität ist unsexuell, sie braucht keine sexuelle Lust. Ein gesund heranwachsender und sich entwickelnder Mensch lernt also zuerst, zu lieben, und wird erst dann mit der Lust der Sexualität konfrontiert, wenn er reif dafür ist, wenn nicht nur sein Körper die Sexualfunktion ausgereift hat, sondern wenn auch seine Seele die Liebesfähigkeit und Sensitivität entwickelt hat.

Wurde jedoch die Liebesfähigkeit in der Kindheit *nicht* entwickelt, dann wird dieser Mensch später nach der Entdeckung der sexuellen Lust nur die sexuelle Lust suchen und immer seelisch unerfüllt bleiben. Die Lust kann die Liebe niemals ersetzen.

Wurde die Liebesfähigkeit jedoch in der Kindheit voll entwickelt, dann ist das neue Erlebnis der sexuellen Lust eine wunderbare neue Erfahrung, die die Liebe zu einem Menschen (und nur zu dem Menschen, nicht zur Natur) bereichert. Die Lust ist dann kein Bedürfnis, das isoliert dasteht, sondern eine Ergänzung im Sinne einer Vervollkommnung und Erweiterung. Die Sensitivität erweitert sich auf ein bisher unbekanntes Gebiet, die Sexualität, und findet hier eine zusätzliche Erfüllung und seelische Befriedigung neben der körperlichen Befriedigung. Das Glück kommt also nicht aus der körperlichen Befriedigung (Lust) allein, sondern aus der seelischen Erfüllung.

Aus der Entwicklung der Liebesfähigkeit in der Kindheit und Jugendzeit erwächst die Liebe zur Sexualität. Und nur dann, wenn die Sexualität geliebt wird und in Liebe ausgeübt wird, hinterläßt sie keine seelische Leere, sondern seelisches Wohlbefinden und Glück.

Die Lust ist, für sich allein gesehen, nur ein Teil, sie kann nur in Verbindung mit der Liebe ihren Glanz entfalten. Damit beantwortet sich auch die vielgestellte Frage: »Soll man mit einem Menschen nur wegen der sexuellen Lust schlafen, auch wenn man ihn nicht liebt?« Es ist natürlich jedem freigestellt, das zu tun, vor der Ehe, außerhalb der Ehe oder in der Ehe, aber es besteht hierbei das unausweichliche Problem der Leere danach und des Fehlens von Erfüllung, Glück und Schönheit.

Wie kann man die Liebesfähigkeit fördern?

Das wichtige dritte Kapitel über die Liebesfähigkeit möchte ich nun mit einer Zusammenfassung abschließen. Ich sprach davon, daß die gesellschaftlichen Verhältnisse die Liebe erschweren und die Begierde nach Lust Frustration hervorruft. Die Liebe schafft Selbstbewußtsein. Die Liebe ist nur durch Offenheit der Sinne und Sensitivität möglich. In Liebe entfaltet sich Schönheit. Wenn Liebe herrscht, muß das Denken schweigen, es herrscht Zeitlosigkeit und die Kunst des Alleinseins. Wenn Liebe besteht, ist die Lust kein Selbstzweck.

Was sind die Grundvoraussetzungen für die Liebe?
- Die gesellschaftlichen Verhältnisse müssen ignoriert werden.
- Die Begierde muß verschwinden.
- Das Selbstbewußtsein muß sich entwickeln und stärken.
- Die Sinne müssen sich öffnen.
- Es herrscht Sensitivität, Meditation.
- Die Schönheit entfaltet sich unabhängig von der Mode.
- Das Denken wird still.
- Es herrscht Zeitlosigkeit.
- Alleinsein ist möglich, ohne Einsamkeit oder Isolation zu empfinden.
- Lust ist von der Liebe nicht getrennt.

Eine ausgereifte Liebesfähigkeit ist die Voraussetzung dafür, daß sich die sexuelle Lust nicht isoliert und sich als Luststreben und Begierde verselbständigt. Wer nur nach Lust strebt, ohne liebesfähig zu sein, wird zwar den Sexualtrieb befriedigen können, aber das Lusterleben konzentriert sich dann auf den Orgasmus, und es fehlt die seelische Erfüllung, die einerseits die Lust steigert und darüber hinaus das Empfinden von Glückseligkeit verschafft. Durch Lust alleine entsteht keine Glückseligkeit, sie ist nur in der Kombination Liebe und Lust möglich. Deshalb ist die Liebesfähigkeit psychologisch gesehen von so großer Bedeutung.

Viele Bücher über Ehe, Partnerschaft und Liebe beschäftigen sich vorwiegend mit sexueller Technik der Luststeigerung. Es kommt jedoch in einer Partnerschaft weniger auf die sexuelle Lust an, sondern auf die Liebe. Ein Ratgeberbuch über sexuelle Techniken mag zwar interessant sein, und Bücher dieser Art werden viel gekauft, aber das Wichtigere, die Liebesfähigkeit, wird dadurch nicht gefördert, sondern mitunter eher behindert, denn es besteht die Gefahr der Fixierung auf die sexuelle Lust, wobei die Liebe leicht in den Hintergrund gerät. Sexuelle Lust allein kann niemals Liebe erzeugen, und es ist deshalb ein Trugschluß, über den Weg der Lusttechnik zu einer erfüllten Liebe finden zu wollen.

Zuerst muß die Liebesfähigkeit entwickelt sein, denn nur über die Liebe findet man auch zu erfüllter Sexualität, zu einem Glück, in dem Seele und Körper zur Einheit verschmelzen. Es geht in diesem Buch um die Entfaltung der Liebesfähigkeit. Hierüber kann ich kein einfaches Ratgeberbuch schreiben mit bequemen Ratschlägen, Tips und Tricks. In diesem dritten Kapitel, »Die Liebesfähigkeit«, gebe ich allgemeine Hinweise. Ich möchte die Liebesfähigkeit in ihrer Gesamtheit bewußtmachen, kann aber nicht, wie in einem Kochbuch, genau beschreiben, wie man Schritt für Schritt zur Entfaltung der Liebesfähigkeit gelangt. Wenn der Leser das erwarten sollte, wird er enttäuscht sein.

Die Liebesfähigkeit muß langsam wachsen, sie kann nicht durch Anleitungen geübt werden. Dennoch verfolge ich mit dem Buch die Absicht, dem Leser zu helfen. Das ist möglich, wenn er sich öffnet und sich nicht nur an die einzelnen Wörter und Sätze klammert. Ich möchte nicht nur Wissen vermitteln, sondern zu mehr Bewußtheit und Klarheit verhelfen. Wissen und Information über die Liebe und die Liebesfähigkeit macht nicht liebesfähiger, sondern wird über das Denken nur im Gedächtnis gespeichert.

Die Speicherung im Gedächtnis ist nichts Negatives, doch das darf eben nicht alles sein. Ich möchte kein Wissen vermitteln, zu dem sich der Leser distanziert verhält, denn ein solches Wissen hat keinen Sinn. Ich möchte Anregungen geben, über sich selbst nachzudenken, besser noch, über sich selbst mehr zu empfinden. Bei der Lektüre werden Gefühle und Gedanken geweckt, so daß einzelne Sätze und Gedanken zu Auslösern für einen individuellen Prozeß beim Leser werden. Auf diesen individuellen Vorgang der Bewußtwerdung und Erkenntnis kommt es an. Ich möchte kein endgültiges und fertiges System vorstellen, das man auswendig lernen kann, sondern möchte bewußtmachen, damit jeder Leser in einem persönlichen Prozeß die für ihn *im Augenblick* wichtigen Gefühle, Gedanken und Schlußfolgerungen vollzieht.

Die Liebesfähigkeit habe ich unter verschiedenen Aspekten dargestellt; der wichtigste ist hierbei die wache Sensitivität. Sie ist die zentrale Haltung, die es ermöglicht, in Offenheit wahrzunehmen und mit allen Sinnen zu erkennen, was um mich herum vorgeht. Die Sensitivität ist Kontemplation, sie läßt Meditation entstehen, und in der Meditation wächst die Liebe von selbst.

Zur Liebe kann man sich nicht zwingen. Das Wollen kann sich nicht vornehmen: »Jetzt werde ich dies oder das, diesen oder jenen lieben.« Das Wollen kommt aus dem Denken, aber das Denken muß zur Ruhe kommen, wenn sich Liebe entfalten soll. Die Liebe ist kein Willensakt, der dem Denken entspringt. Das ist eine sehr wichtige Erkenntnis. Wenn mir das ganz klar ist, wenn ich das nicht nur denke, sondern fühle, dann erst habe ich wirklich verstanden, nicht nur mit dem Gehirn, sondern mit meiner ganzen psychischen Existenz. Erst dann kann die Erkenntnis wirksam werden, erst dann hören die Wortratschläge des Denkens auf, und ich kann mich dem widmen, was im Moment wirklich geschieht. Ich erfahre dann das, was *ist*, und nicht das, was sein *sollte*, was sich der Verstand mit seinen Hoffnungen, Illusionen, Ideen und Idealen ausdenkt oder wünscht. Liebe entsteht nur für das, was ist; das, was sein sollte, kann ich nicht konkret lieben, denn es entfernt mich von der Realität, führt mich in das Reich der Phantasie. In der Phantasie geschieht kein Leben, hier befinde ich mich bei Trugbildern, bei Luftschlössern, Ideen und Idealen.

Ein Ideal, ein Phantasiegebilde, kann mir nicht die Glückseligkeit der wirklichen Liebe verschaffen. Deshalb ist die elementare Voraussetzung für die Entfaltung der Liebesfähigkeit im konkreten Leben die Sensitivität im Augenblick.

Aus der Sensitivität ergibt sich alles andere von selbst. Die Sensitivität ist der Schlüssel zum Glück. Wenn ich jedoch vordergründig das Glück mit dem Willen anstrebe, dann löst sich die Sensitivität auf, und ich stehe mit leeren Händen da. Deshalb kann ich keine »genauen praktischen Ratschläge« geben, denn das Klammern an die Ratschläge zerstört die Spontaneität des Augenblicks. Man kann nicht vorsätzlich mit dem Denken absichtsvoll die Liebe suchen. Die Liebe stellt sich von selbst ein, wenn ich absichtslos, ohne zu suchen, einfach nur vorfinde, was im Moment geschieht. Das Verständnis für diese Tatsache stellt sich nicht über die Logik des Verstandes ein, sondern über die Erkenntnis, die mehr ist als ein Denkvorgang. Erkenntnis bezieht die gesamte Psyche mit ihren Gefühlen und sinnlichen Erlebnissen mit ein. Wenn es gelingt, etwas zu erkennen, dann bleibt der Verstand als ein kleines Werkzeug zurück. Die Erkenntnis ist umfassend und schöpferisch.

II. Teil:

WAS MIT DER LIEBE GESCHIEHT

4.

DIE LIEBESBEZIEHUNG DURCHLÄUFT PHASEN

»Die Liebe sollte etwas sein, das ganz kühn macht und zugleich immer in Distanz bleibt. Damit meine ich nicht räumliche Entfernung, sondern eine Distanz, die dem anderen die Würde läßt. Liebe kann ich mir jedenfalls nur in dieser heroischen Distanz vorstellen – die auch eine Art Verehrung des einen für den anderen ist und gleichzeitig eine Art Strenge.«
PETER HANDKE

Die Liebe wurde in den vorangegangenen Kapiteln unter den verschiedensten Aspekten beschrieben, und es wurden die Bedingungen geschildert, die Liebe zulassen oder sie unterdrücken. Die Liebe geschieht, wenn absolute Offenheit und Verletzlichkeit besteht. Ich muß bereit sein, den anderen in mich aufzunehmen, ihn in mich seelisch eindringen zu lassen. Die Liebe zu einem Baum oder Tier ist einfacher, weil sie risikoloser ist. Der Baum oder das Tier können mich nicht verletzen, so wie dies ein Mensch kann.
 Um einen Menschen zu lieben, muß man ihn ganz in sich aufnehmen, man muß sich auf ihn einlassen, ohne vorher zu wissen, wie er auf die eigene Offenheit reagieren wird. Ich kann nicht einerseits lieben wollen, also ganz geöffnet für den anderen sein, und andererseits geschützt davor sein, verletzt zu werden. Die

meisten Menschen wollen jedoch beides, geschützte Sicherheit und Liebe. Beides ist nicht möglich. Wenn ich lieben möchte, muß ich bereit sein, das Sicherheitsdenken aufzugeben. Die Liebe muß wichtiger sein als der Schutz meiner Verletzlichkeit. Ich muß die Angst vor dem anderen überwinden, denn eine Gewähr für Sicherheit und Schutz meiner Verletzlichkeit gibt es nicht. Ich weiß nie vorher, was der andere mir antun wird, wie er auf meine geöffnete Seele reagiert, wie er mich behandeln wird, welche Probleme und Neurosen er an mir abreagieren wird.

Ich kann mir natürlich ein Menschenbild, ein Frauen- oder Männerbild zurechtlegen, »so sind die Frauen (Männer)«, sie müssen deshalb so oder so »angepackt werden«. Ich entwickle dann eine Technik oder Taktik, wie man den anderen verliebt macht, ohne mich selbst preiszugeben, ohne mich dabei wirklich zu öffnen. Ein Menschenbild und eine Technik sollen mich vor der Gefahr schützen, verletzt zu werden. Kann sich so Liebe entfalten? Kann ich den anderen zur Schutzlosigkeit auffordern und selbst in meinem Schutzraum der Gefühlskontrolle bleiben? Die meisten versuchen das, sie halten sich zurück in Sicherheit, sie erfahren dann aus Distanz die Liebe des anderen, aber nicht die eigene Liebe. Die Liebe des anderen wärmt sie von außen, aber sie erleben nicht die Flamme der eigenen Liebe.

Die Angst vor dem anderen ist vor allem die Angst, von ihm nicht geliebt zu werden, nicht in der Individualität meines Selbst angenommen zu werden. Nicht angenommen zu werden ist eine große Kränkung, eine starke Verletzung, die um so stärker ist, wenn die Seele auf diesem Gebiet schon viele Narben besitzt, Narben aus der Kindheit und Jugendzeit. Die Angst vor dem anderen und seiner Zurückweisung wird zu einer neurotischen Angst, wenn Erlebnisse dieser Art unverarbeitet in der Seele zurückgeblieben wird. Die meisten Erlebnisse aus der Kindheit sind unverarbeitet, weil uns damals niemand geholfen hat, sie zu verarbeiten, sie auszufühlen, über sie zu meditieren, an ihnen zu wachsen, stärker und gesünder zu werden.

Können wir diese Ängste überwinden? Ist es möglich, sich zu öffnen und das Wagnis der Verletzlichkeit einzugehen? Es ist möglich. Wir müssen uns nur klar darüber werden, daß dies der einzige Weg ist, das Glück der Liebe zu erfahren. Es muß uns bewußt werden, daß es sich lohnt, verletzlich zu sein, und daß die alten Verletzungen damit nichts zu tun haben. Wir müssen uns jeden Tag aufs neue der Verletzlichkeit aussetzen. In der Verletzbarkeit liegt das Leben, in der Sicherheit oder Unverletzbarkeit liegt der Tod. Wenn wir tot sind, sind wir nicht mehr verletzbar, dann hat alle Angst und Verletzung ein Ende. Wollen wir tot sein? Wer Schutz und Sicherheit anstrebt, nähert sich dem Tod, das Leben dagegen ist ungeschützt und verletzbar. Wir suchen das Leben ohne Verletzlichkeit. Das geht nicht, es wäre genauso, als würden wir ein Feuer suchen, das uns wärmt, ohne die Flamme riskieren zu wollen.

Die Liebe ist die höchste Form der seelischen Lebendigkeit. Wenn wir lieben, dann wird unsere gesamte Persönlichkeit, die Wahrnehmung, die Gefühle, die Erlebnisse der Sinne, lebendiger. Wenn wir Sicherheit und Schutz suchen, werden wir stumpf, angespannt, verkrampft, wir werden täglich unlebendiger, denn der Tod rückt uns dann näher.

Erste Phase: Aufmerksamkeit

Die Liebe ist ein Phänomen, das keine Phasen durchläuft. Entweder wir lieben, oder wir lieben nicht. Es gibt nichts dazwischen. Wenn die Liebe da ist, dann gibt es keine Steigerung mehr. Es gibt nur Phasen innerhalb der *Beziehung* zu dem Menschen, den wir lieben. Die Liebe ist getrennt von den Vorgängen der Beziehung. Was danach geschieht, geschieht aus Angst und Schutzbedürfnis vor der Liebe oder aus Angst davor, daß die Liebe verschwindet.

Die erste Phase einer Beziehung ist die Verliebtheit. Wir versuchen uns zwar zu schützen, aber selbst bei einem seelisch gepanzerten Menschen ist noch Aufmerksamkeit wach, mal mehr, mal weniger, für das, was um ihn herum geschieht.

Zuerst ist die Aufmerksamkeit da. Wir sehen einen Menschen, der uns aus den verschiedensten Gründen gefällt, zum Beispiel weil er einem Schönheitsideal entspricht, das wir akzeptieren, weil er der Mutter oder dem Vater gleicht, weil er einem Menschen gleicht, mit dem wir einmal positive Erfahrungen gemacht haben. Wir werden zuerst aufmerksam durch Sinnenreize. Es kann ein optisches Signal sein, der Reiz der Stimme, ein Geruch, ein Tasterlebnis. Die Sinne sind die Tore, durch die die Welt zu uns kommt. Je offener die Sinne sind, um so lebendiger sind wir. Die Sensitivität ist der Ursprung aller Liebe.

Zuerst werden wir über die Sinne aufmerksam auf den anderen. Erst danach wollen wir eine Beziehung anknüpfen. Die Körpersprache zeigt in untrüglicher Weise, ob wir die Aufmerksamkeit eines anderen erregt haben. Wenn wir jemand anschauen, der gleichgültig ist, in dessen Seele wir nichts bewirkt haben, so bleibt er sitzen oder stehen, ohne sich durch unsere Gegenwart ablenken zu lassen. Haben wir jedoch gleichfalls Aufmerksamkeit erregt, dann geschieht unbewußt ein untrügliches Zeichen der Aufmerksamkeit: Der andere wird sich seiner Person plötzlich bewußt, er streicht zum Beispiel seine Haare zurück, durch seinen Körper geht ein leichter Ruck, er setzt sich anders, vielleicht aufrechter, hin, er verkrampft sich oder wird unruhig. Diese Aufmerksamkeit ist noch keine Liebe – sie entwickelt sich etwas später. Die Aufmerksamkeit ist jedoch die Voraussetzung dafür.

Zunächst muß die Aufmerksamkeit dasein. Ich muß den anderen in seiner Existenz wahrnehmen. Die Begegnung von zwei Menschen ist im Liebesroman der spannendste Moment. Es heißt dann in übersteigerter Weise: »Er stand da, wie vom Blitz getroffen, als er sie sah«, oder: »Als sie ihn dort sitzen sah, wußte sie, das ist der Mann, den ich ein Leben lang gesucht habe«, oder: »Diese Frau sah er zum ersten Mal, aber sie war ihm sofort bekannt und vertraut, es war keine Fremdheit, obwohl er sie noch nie gesehen hatte.«

Die Liebe entsteht schnell, aber eine Beziehung kann sich nur langsam entwickeln. Wenn die Liebe da ist, dann möchte man auch in Beziehung zu dem Menschen treten. Die Liebe zu einem Baum ist dagegen einfacher, es existiert nur meine Liebe zu ihm, und das genügt. Bei einem Menschen ist das schwieriger, denn man möchte seine Aufmerksamkeit erregen, um von ihm wiedergeliebt zu werden.

Bei einem Baum genügt das aufmerksame Betrachten und sinnliche Wahrnehmen seiner Existenz, um ihn zu lieben. Ich frage nicht nach der Aufmerksamkeit des Baumes, ich erwarte von ihm keine Resonanz. Mit einem Baum trete ich in keine Beziehung, die von ihm oder mir etwas verlangt, ich kann ihn so lassen, wie er ist, und werde von ihm so akzeptiert, wie ich bin, darin liegt große Ruhe und Schönheit.

Die Liebe zu einem Menschen ist problematischer, weil ich über die sinnliche Wahrnehmung hinaus mit ihm in Beziehung und Kommunikation treten möchte. Warum genügt es nicht, aufmerksam zu betrachten und den anderen so zu lieben, wie er ist, ohne Resonanz, ohne in eine Beziehung treten zu wollen? Es könnte genügen, wenn die Sexualität nicht existent wäre.

Die Sexualität ist ein Trieb, der sich nach jeder Befriedigung erneut aufbaut und eine physiologische Gegebenheit darstellt, die ich nicht ignorieren kann. Bei einem Baum ist die Liebe frei von der Sexualität, bei einem Menschen des anderen Geschlechts wird die Liebe mit dem sexuellen Bedürfnis verknüpft, und es entsteht sexuelles Begehren. Sehr leicht wird dieses Begehren zur Begierde und Gier. Es besteht dann die Gefahr, daß ich wegen der Sexualität mit einem Menschen in Beziehung trete – und nicht wegen der Liebe. Ich bin dann sehr schnell verwirrt und weiß nicht mehr genau, ist es Liebe, ist es nur Sexualität oder beides in Harmonie zueinander?

Schon im Vorgang der Aufmerksamkeit sind viele verwirrt. Es vermischen sich sexuelle Reize mit der Wahrnehmung der Person als Ganzem, und es ist schwer zu unterscheiden, was zum Bereich der Liebe gehört und was im Bereich der Sexualität liegt.

Die sexuellen optischen Reize spielen jedenfalls eine bedeutende Rolle, denn mit dem Beginn der körperlichen Geschlechtsreife werden die Sinne für die optischen, akustischen und olfaktorischen Geschlechtsmerkmale geschärft. Es gibt individuelle Bevorzugungen, die fetischisierend wirken. Der eine wird aufmerksam, wenn er Stöckelschuhe auf dem Pflaster hört, den anderen läßt das gleichgültig. Die eine wird hellwach, wenn sie eine tiefe männliche Stimme hört, die andere achtet auf dunkelblaue Maßanzüge, die einen leichten Glanz und Schimmer haben. Ein anderer wird aufmerksam, wenn er ein bestimmtes Parfüm riecht, einem anderen ist das völlig gleichgültig, er wird dagegen aufmerksam, wenn eine Frau schwarz gekleidet ist und lange schwarze Haare trägt.

Die Aufmerksamkeit wird zuerst über die Sinne geweckt, wobei die Auslösereize für jeden Menschen je nach seinen individuellen Erfahrungen verschieden sein können. Benötigt jemand ganz spezielle sinnliche Reize, um interessiert zu sein, spricht man von einem Fetisch. Ein sehr berühmter Fetisch des Mannes ist der Stöckelschuh. Bei der Frau können es Reitstiefel sein oder rote Turnschuhe, Tabakpfeifen, Ringe usw. Im Prinzip kann jedes Kleidungsstück oder jeder Gegenstand, der mit dem anderen Geschlecht in Verbindung steht, zu einem Fetisch werden. Auf die Krankhaftigkeit oder Perversität der Fetischbildung möchte ich an dieser Stelle nicht weiter eingehen.

Es geht mir hier um das Prinzip der Aufmerksamkeit. Zuerst muß die Aufmerksamkeit geweckt sein, damit Interesse entsteht, damit der andere Mensch zu existieren beginnt. Wenn ein Fetisch die Aufmerksamkeit weckt, ist dagegen nichts einzuwenden, sofern die Vorliebe für bestimmte Signale nicht zu einer Fixierung wird. Jede Fixierung ist Unfreiheit und hindert mich daran, die Person in ihrer Ganzheit wahrzunehmen. Insofern ist die Fixierung auf die heterosexuellen Geschlechtsmerkmale eine Einschränkung, wenn sie so ausgeprägt ist, daß es mir schwerfällt oder nicht gelingt, die gesamte Persönlichkeit dahinter zu erfahren und zu erleben.

Nach der ersten Phase der Aufmerksamkeit, durch welche Reize auch immer sie erfolgt sein sollte, folgt die Phase der Phantasie.

Zweite Phase: Phantasie

In der ersten Phase der Aufmerksamkeit dringt die Wirklichkeit durch die Pforten der Sinne ins Bewußtsein. Die Wirklichkeit vermag die Phantasie anzustoßen, besonders dann, wenn Verliebtheit entstanden ist. Der Geist wird dann tätig, und er arbeitet mit den Bruchstücken der erlebten Realität weiter, er versucht die Fragmente zu einem geschlossenen Bild zusammenzufügen, zu einem Bild, dessen Schöpfer ich selbst bin. Ich kann mir den Menschen in der Phantasie so erschaffen, wie ich ihn haben möchte, wie ich ihn »erträume«.

Wenn die Phantasie einmal angestoßen ist, dann geht die Verliebtheit eigene, individuelle Wege, sie baut sich im Denken auf und wird durch das Denken gesteigert, es wird eine Sehnsucht nach Begegnung und Beziehung gebildet.

Wenn nach der Phase der Aufmerksamkeit die Phase der Phantasie einsetzt, dann »spukt« der andere Mensch im Kopf herum, er nistet sich im Denken ein, und es sind die besten Voraussetzungen dafür geschaffen, daß die Verliebtheit des Augenblicks zu einer Phantasieliebe wird.

In vielen Gesprächen habe ich die Erfahrung gemacht, daß die meisten Menschen weniger daran interessiert sind, etwas über das Phänomen der eigenen Liebe zu erfahren, sie wollen vielmehr wissen, wie sie den anderen verliebt machen, wie sie seine Liebe und Sehnsucht wecken können.

Dieses Problem ist ganz einfach zu beantworten. Wer andere in sich verliebt machen möchte, muß zuerst Aufmerksamkeit erregen, und dies in einer Art und Weise, daß die Phantasie erregt wird und es gelingt, sich ins Denken des anderen einzunisten. Die Phantasie des anderen ist der beste Verbündete des Don Juan.

Das narzistische Bedürfnis fragt danach, wie man den anderen verliebt machen kann, wie man seine liebende Zuneigung gewinnt. Warum ist uns soviel an der Liebe der anderen gelegen, und warum versuchen wir, mit unserer eigenen Verliebtheit so sparsam und selbstkontrolliert umzugehen? Das gesteigerte narzistische Bedürfnis und die Selbstkontrolle über das eigene Liebesgefühl hängen eng zusammen.

Wir sollten unser Augenmerk weniger auf die Liebe des anderen richten, sondern auf unsere eigene Liebe. Unter diesem psychologischen Aspekt ist die Phantasie kritisch zu betrachten. Wem es darum geht, selbst zu lieben, der sollte sich vor seiner Phantasie in acht nehmen, denn sie führt ihn in das Reich der Gedanken über das, was sein *sollte*, das, was sein *könnte*. Die

Phantasie weicht von der Realität ab, sie konstruiert einen Menschen, der in dieser Art nicht dem wirklichen Menschen entspricht, der unsere Aufmerksamkeit, aus welchen individuellen Gründen auch immer, erregt hat. Die Folge ist eine Liebe im Reich der Phantasie; das ist eine Erschwernis, ihn in seinem wirklichen Sein zu erfassen und ihn so lieben zu können, wie er wirklich ist. Die Enttäuschung stellt sich meist sehr schnell ein, wenn sich die reale Beziehung entwickelt. Die Sehnsucht ist zwar motivierend, von der Phantasie in die Realität überzugehen, aber die Realität richtet sich nicht nach meiner Phantasie. Ich bin kein prinzipieller Gegner der Phantasie. Ich würde mißverstanden, wenn der Leser mich für einen nüchternen Materialisten halten würde, der die Phantasie abwertet, der sie für »Spinnerei« hält. Um mit der Phantasie umzugehen, ist sehr viel seelische Reife erforderlich. Es muß stets bewußt sein, daß die Phantasie eine eigene Welt ist, eine eigene Schöpfung, ein Traum und niemals die Wirklichkeit. Ich werte die Liebe in der Phantasie nicht ab – sie hat ihre Berechtigung, aber sie hat nichts zu tun mit der Liebe in der Wirklichkeit.

Für viele ist das Reich der Phantasie ein Zufluchtsort vor der Wirklichkeit – und das finde ich bedauerlich, da dadurch viele Mißverständnisse und Enttäuschungen entstehen.

Die Liebe findet ihre Erfüllung erst in der Wirklichkeit, in dem, was wirklich geschieht. Die Wirklichkeit ist die Basis, in ihr entfalte ich mich wirklich. Darauf kommt es letztlich an, deshalb sollte die Phase der Phantasie, die bei den meisten Menschen eine große Rolle spielt, so schnell wie möglich überwunden werden.

Besonders glücklich ist eine Liebe, die die Phase der Phantasie überhaupt nicht nötig hat, die sich auf dem Boden der Realität von der Aufmerksamkeit zur Verliebtheit, zur Liebe ohne Einschaltung der Phantasiephase bewegt.

Sicherlich fällt dadurch der Reiz der Sehnsucht, des »Verzehrens nach dem anderen« in der Phantasie weg; ein Reiz, der für Liebesromane so wichtig und spannungserzeugend ist. Das ist der schädliche Einfluß der Liebesromane auf unsere Psyche, weil sie die Phase der Phantasieliebe in die Länge ziehen, überbetonen und glorifizieren – aus Spannungsgründen. Die Liebe sollte keine psychische Krankheit sein, die sich in der Phase der Phantasie entwickelt, sondern sollte eine gesunde Selbstentfaltung sein, ein Ausdruck der Lebendigkeit, die in der Wirklichkeit lebt, von einem gelebten Augenblick zum anderen, im Hier und Jetzt.

Dritte Phase:
Selbsterkenntnis oder Selbstverwirklichung

In der Liebe zur Natur schwingt Selbsterkenntnis und Selbstverwirklichung mit. In der Liebe zu einer Blume erkenne ich mich selbst, und in dieser Liebe verwirkliche ich mich selbst. Stärker und deutlicher ist dieses Empfinden der Selbsterkenntnis in der Liebe zu einem Tier als in der Liebe zu einer Blume, und noch deutlicher wird es bei der Beziehung zu einem Menschen.

Der andere gibt mir ein »feedback« mit seinen differenzierten Ausdrucksmöglichkeiten. Ich kann mich zwar auch im Alleinsein selbst erkennen, das Alleinsein ist hierfür ein wichtiger und brauchbarer Weg, ich möchte mich aber auch im anderen erkennen. Der andere sagt mir durch die verschiedenen Sprachen des Körpers, der Mimik, der Gestik, der Sexualität und nicht zuletzt der Worte, wie er mich empfindet, was er von mir hält, wer ich für ihn bin. Dieses Erlebnis der Selbsterkenntnis in der Spiegelung ist faszinierend, vor allem, wenn er mich liebt, denn dann schmeichelt er meinem Ego.

Jede Zärtlichkeit, jede Gestik der Liebe, jedes Wort der Anerkennung schmeichelt meinem narzistischen Bedürfnis nach Anerkennung, Selbstwert und Sinn. Auch in der Kritik, im Tadel erkenne ich, wer ich für den anderen bin, aber Kritik schmeichelt nicht meinem Ego.

Die Liebe des anderen gibt mir Kraft und bestätigt den Sinn meiner Existenz. Die Gleichgültigkeit oder die Abwertung des anderen macht mich unsicher und unzufrieden, gibt mir ein Gefühl der Einsamkeit und Isolation. In der Liebe wird die Isolation überwunden, und ich fühle mich geborgen, weil ich mich von einem anderen Menschen angenommen fühle.

Jeder kennt die beschriebenen Gefühle von Liebe oder Kritik und Abwertung, und jeder hat erlebt, wie Liebe die seelische Kraft und Lebensfreude steigert, während Kritik und Abwertung die Entfaltung der Energie lähmt. Die Liebe des anderen vermittelt seelisches Wohlbefinden, weil die positive Selbsterkenntnis die Selbstentfaltungskräfte fördert.

Meine Liebe, die ich dem anderen gebe, hat die gleiche Wirkung auf ihn, die ich an mir selbst kenne, und es befriedigt mich, dem anderen Kraft zu vermitteln, zu sehen, wie er unter meiner Liebe aufblüht, wie seine Lebensfreude wächst, weil ihn eine positive Selbsterkenntnis glücklich macht.

Aber nun ergibt sich die Frage: Zeigt sich in dem Hunger nach Liebe, in dem Bedürfnis nach Anerkennung und positiver Selbsterkenntnis nicht ein Problem? Ist der Hunger nach Liebe vielleicht eine Krankheit, wenn das Defizit an Liebe und positiver Selbsterkenntnis besonders groß ist? Das krankhafte Defizit ist in unserer Leistungsgesellschaft, den Industrienationen mit dem hier praktizierten autoritären Erziehungssystem von Lohn und Strafe, sehr häufig zu beobachten.

Mit Lob und »Liebe« läßt sich ein Mensch sehr leicht »um den Finger wickeln«, und er ist allzu schnell bereit, sich in die angebotene Geborgenheit einer positiven Selbsterkenntnis fallenzulassen, die so selten ist und oft so lange auf sich warten ließ. Die Bereitschaft, für ein Lob zu lieben, für eine positive Spiegelung den anderen auch positiv zu reflektieren, ist so groß, daß plötzlich unklar wird, was Liebe ist und was eine übersteigerte Dankbarkeit für ein krankhaftes Verlangen nach positiver Selbstbestätigung ist.

Die Liebe sollte frei sein von dem Befürfnis nach positiver Selbsterkenntnis. Aber wie kann sie es sein, wenn das narzistische Defizit so groß ist? Das Bedürfnis nach Liebe sollte keinem Hunger nach positiver Selbsterkenntnis entspringen, sondern sollte schlicht Selbstentfaltung sein. Es kommt nicht auf Lob und Anerkennungen an, sondern auf das Erlebnis von Nähe und Liebe, meiner eigenen Liebe, verbunden mit der Liebe des anderen.

Die reife Liebe spekuliert deshalb nicht auf ein positives »feedback«, sondern sie will in erster Linie Liebe geben und hat auf das Bekommen keinen übersteigerten Heißhunger. Im Geben liegt die Entfaltung der Liebe, das Bekommen sollte sich dann auf eine natürliche Weise von selbst einstellen. Es sollte nicht so wichtig sein, wie es in einer Gesellschaft von Menschen aber zwangsläufig ist, die im Erfahren von positiver Selbstbestätigung frustriert sind. Deshalb ist die Liebesfähigkeit als eine Form der Selbstentfaltung so selten und die Liebe als eine Suche nach Selbsterkenntnis so häufig anzutreffen. Das ist bedauerlich, aber jeder muß in der Gesellschaft damit leben, der Liebesfähige mit der Seltenheit liebesfähiger Partner und der Hungrige nach Selbsterkenntnis mit der Frustration.

Vierte Phase: Erste und einzige Krise

Die Krise stellt sich ein, wenn sich herausstellt, daß mich die Selbsterkenntnis in der Zweisamkeit auf die Selbsterkenntnis im Alleinsein zurückverweist. Die Zweisamkeit in der Erwartung von Lob und Anerkennung ist keine Basis für mein Leben und mein Glück. Auf dem Wunsch nach narzistischer Bestätigung läßt sich keine Beziehung aufbauen; die Liebe ist enttäuschend, wenn das von ihr erwartet wird.

Ich werde immer wieder auf mich selbst zurückverwiesen. Es gibt keine Erlösung von meinen narzistischen Kränkungen, von den Verletzungen meines Selbstwertgefühls in der Zweisamkeit. An die Liebe werden viel zu hohe Erwartungen gestellt, wenn das erhofft wird. Und doch wird es täglich neu erwartet, weil uns niemand aufgeklärt hat über das Problem der psychischen Existenz in unserem Lebensablauf.

Wir finden keine Ruhe und gelangen von einer Enttäuschung zur anderen, so lange wir die grundlegende Bedeutung des Alleinseins und der Zweisamkeit nicht verstanden haben. In der Zweisamkeit liegt keine Therapie für ein nicht gelungenes Alleinsein. So lange wir das allerdings glauben, ersehnen oder erhoffen, werden wir die Krise der Zweisamkeit niemals vermeiden können. Die Krise ist gesetzmäßig in der Zweierbeziehung einprogrammiert, so lange wir das nicht in voller Klarheit begriffen haben.

Wir begegnen einander als Einzelwesen, die Liebe macht diese Begegnung zu etwas Besonderem, zu etwas Beglückendem im Augenblick, aber mehr darüber hinaus dürfen wir nicht erwarten. Die Krise kommt mit der Erkenntnis, daß wir auf unser Alleinsein zurückverwiesen werden, weil die Zeit nicht stillsteht. Wir können den Augenblick nicht festhalten, so sehr wir das auch wünschen. Jeder Augenblick vergeht so sicher, wie ein Stein zu Boden fällt.

Die Liebe entsteht im Augenblick, wenn wir sensitiv erleben. Die Liebe kommt über die Sinne, im Hier und Jetzt. Die Sinne lassen sich jedoch nicht reglementieren. Ich kann meinen Sinnen nicht befehlen.

Ich kann entweder offen, sensitiv und liebesfähig sein oder aber versuchen, geschlossen zu sein, mich abzuschließen gegen die Liebe, wenn verlangt wird, daß eine Liebe zu einem einzigen Menschen und nur an diesen, und das ein Leben lang, gebunden bleiben soll. Mit einer offenen und liebesfähigen Grundhaltung ist diese Fixierung nicht möglich.

Wenn ein gesellschaftliches Reglement sagt, daß die Liebe sich an einen Menschen binden soll, daß die »wahre Liebe« die einmalige Liebe und endgültige Entscheidung für diese Liebe sei, dann begebe ich mich in Unfreiheit und Enge, dann muß ich die Krise dieser so verstandenen Liebe in großer seelischer Not erleiden.

Wir wollen die Liebe einfangen wie einen Schmetterling im Netz. Sie läßt sich aber nicht einfangen und besitzen, denn sie ist etwas Lebendiges. Nichts Lebendiges läßt sich einfangen, ohne an Lebendigkeit zu verlieren, alles Gefangene stirbt langsam, es verliert an Ursprünglichkeit und Frische, es hat das Mal des Todes auf der Stirn – wie jedes Tier im Zoo, wie jeder Mensch im Gefängnis. Die Zweisamkeit hat das Mal des Todes auf der Stirn – in den Augen, in den Gesten, wenn dabei die Freiheit des Alleinseins auch nur leise angetastet wird.

Jeder muß die Freiheit des anderen radikal tolerieren, wenn er das nicht tut, ist die Krise nicht zu vermeiden. Dies muß ganz klar werden, um das Wesen der Liebe zu begreifen. Der Klarheit dieser Erkenntnisse stehen die Widerstände unserer Erziehung im Wege. Wir haben Angst davor, diese Erkenntnis in voller Klarheit und Offenheit zu erfassen. Wir haben Angst davor, anzuerkennen, daß wir den anderen in seinem Alleinsein respektieren müssen, und wir haben Angst davor, unserem eigenen Alleinsein wach und klar ins Gesicht zu sehen. Ich kenne diese Angst aus vielen Gesprächen.

Wir müssen durch diese Angst hindurchgehen, erst dann eröffnet sich das unerschöpfliche Feld der Liebe. Nichts hat neben der reifen Liebe Bestand. Es gibt keinen Einwand mehr, alle Ideologie, alles »Wissen« fällt ab, es kann nichts mehr daneben existieren, es gibt keine Regel oder Grenze, denn die Liebe ist unerschöpflich wie der Augenblick. In der sensitiv erlebten Wandlung von Augenblick zu Augenblick liegt das Geheimnis des Lebens, der Liebe und der Schönheit.

Fünfte Phase: Loslösung oder Vertiefung

Die Liebe läßt sich nicht erzwingen und auch nicht in einen Käfig sperren. Die Liebe ist eine sensible seelische Reaktion, sie ist lebendig und unterliegt der Wandlung wie alles Lebendige. Selbst tote Materie unterliegt der Wandlung, wenn die Kräfte der Natur, Wind, Regen und Zeit, auf sie einwirken. Seelische Vorgänge unterliegen viel deutlicheren Wandlungen als die Materie, denn es gibt keine Konstanz der Gefühle. Die Seele ist in ständiger Bewegung, sie ist die sensibelste Seinsweise in der Natur.

Die Liebe läßt sich nicht festbinden, sie kommt und geht, sie baut sich auf und baut sich ab, sie wird entzündet, und sie erlischt. Warum klagen wir, wenn die Liebe nicht ewig dauert, wenn sie nur einige Stunden, Tage oder Wochen dauert? Beklagen wir vielleicht weniger die verlorene Liebe, sondern zum Beispiel die verlorene Chance eines materiellen Gewinns, eines Geschäfts, einer Sicherheit, einer seelischen Geborgenheit?

Wir stellen zu hohe, vor allem falsche Ansprüche an die Liebe, wenn wir sie mit anderen seelischen Bedürfnissen in Verbindung bringen. Wir wollen eine Liebe immer dann vertiefen, wenn wir ein Defizit spüren. Dann suchen wir die Liebe festzuhalten, denn sie soll uns finanzielle oder seelische Sicherheit bringen. Und gerade das kann die Liebe nicht. Wir dürfen die Liebe nicht für andere Zwecke mißbrauchen. Sobald wir das tun, verflüchtigt sie sich, anstatt sich zu vertiefen, da hilft uns kein noch so raffinierter Trick. Die Liebe läßt sich nicht durch Tricks beherrschen und in einen geistigen Käfig meines Besitzes sperren. Die Liebe entweicht durch die dicksten Mauern, sie durchschaut alle psychischen Sicherungsmechanismen, sie ist intelligenter als der Verstand und das Denken, sei der Intelligenzquotient auch noch so hoch. Die Liebe läßt sich nicht mit Intelligenz vertiefen.

Die Liebe unterliegt eigenen psychischen Gesetzen, die sich glücklicherweise durch keine auch noch so raffinierte Manipulation des Verstandes außer Kraft setzen lassen. Die Liebe ist so sensibel, daß sie gerade dann, wenn der Verstand sie festhalten möchte, besonders rasch entgleitet.

Und dennoch streben wir die Vertiefung der Liebe immer wieder an, denn wir wissen, daß sich Liebe steigern läßt, daß sie wachsen kann, daß sie größer werden und sich vertiefen kann. Das geschieht jedoch immer zwanglos, gegen den bewußten Willen, es geschieht immer in Freiheit, nie unter Zwang. Sobald der Wille einsetzt, ist die Liebe in höchster Gefahr, sich zu verflüchtigen.

Die fünfte Phase einer Liebesbeziehung ist deshalb die interessanteste Phase, sie ist die Phase, in der sich das Schicksal einer Beziehung entscheidet. Die Reife für die fünfte Phase ist nur selten entwickelt, denn in dieser Phase gelangen wir unvorbereitet in große Einsamkeit. Hier kann uns keiner helfen oder einen Rat geben, denn hier stehen wir mit unserem Denken vor einem Phänomen, das sich nicht mit dem Verstand erfassen oder beherrschen läßt.

Wir wünschen vielleicht die Vertiefung, und doch ist in diesem Moment bereits die Loslösung unwiderruflich erfolgt. Wir wollen die Loslösung nicht wahrhaben und setzen verschiedene psychische Abwehrmechanismen ein, um die Wahrheit der Loslösung nicht zu sehen. Besonders tragisch ist eine Liebesbeziehung, die mit diesen psychischen Abwehrmechanismen ein ganzes Leben lang bis zum Tod die erfolgte Loslösung versucht zu verbergen oder als Vertiefung tarnt.

Der Leser erwartet vielleicht von einem Buch über die Liebe mehr Aufklärung darüber, wie die Vertiefung der Liebe angestrebt und erreicht werden könnte. Ich versuche mich davor nicht zu drücken und möchte eine klare Aussage zu diesem Problem machen. Die Vertiefung einer Liebesbeziehung kann nicht über den Verstand angestrebt werden. Sie muß sich von selbst aus dem Augenblick heraus ergeben. Ein Augenblick geht in den anderen über, es kann nichts festgehalten werden. Die Zeit geht weiter, von einem Augenblick zum nächsten. In jedem Augenblick kann Zeitlosigkeit herrschen, aber der Augenblick ist nicht beherrschbar, er geschieht. Wir sollten uns ihm anvertrauen. Wer Vertrauen in den Augenblick hat, dem kann nichts geschehen. Wer dagegen in der Liebe die Zukunft vorausplanen und festlegen möchte, hat in diesem Augenblick, in dem er das versucht, seine Möglichkeiten für eine Vertiefung bereits gefährdet. Die Vertiefung der Liebe geschieht zwanglos, ohne den Verstand, ohne Wünsche, ohne Gier. Die Gier nach Kompensation von Bedürfnissen muß ein Ende haben. Es muß völlige psychische Ausgeglichenheit bestehen, damit die Vertiefung erfolgen kann.

Die Vertiefung der Liebe kann nicht angestrebt werden. Alles Streben, Hoffen, Wünschen, Erwarten, Sehnen muß ein Ende haben. In diesem psychischen Zustand kann die Vertiefung ohne Einfluß des Denkens und irgendwelcher Erwartungen zwanglos erfolgen.

5.

WENN DIE LIEBE VERGEHT

»Von der menschlichen Kultur kann man nur soviel sagen, daß Zärtlichkeit ein reines Wunder ist.«
SUZANNE BRØGGER

Die Liebe sucht ihre Erfüllung im Augenblick, sie fragt nicht nach später. Der Verstand mit seinem planenden Denken möchte den Augenblick festhalten und macht Pläne für die Zukunft. Das Denken mischt sich in die Gefühlswelt ein und versucht, die Gefühle zu dirigieren, es erwartet, daß der Augenblick nicht flüchtig sei, »verweile doch, du bist so schön«, der Augenblick soll festgehalten werden und verweilen, der uns einmal viel tiefe innere Befriedigung, mehr noch, Zufriedenheit gab.

Wer liebt, fühlt sich glücklich, er fühlt sich sinnvoll, alle Angst verschwindet, er ist geborgen in der Welt. Liebe vermittelt das Gefühl, alles erreicht zu haben, alle anderen Probleme verlieren an Bedeutung. In Liebe sehen wir die Welt in neuem Licht, strahlender, positiver, wir fühlen uns freier, aufgeschlossener, und wir sind dankbar für diese Erfahrung, es entsteht ein ekstatisches Gefühl: »Ich bin so glücklich, daß ich die ganze Welt umarmen möchte.«

Es ist verständlich, daß man dieses Gefühl der Liebe, des Sinns und des Glücks festhalten möchte. Jeder macht jedoch die Erfahrung, daß das unmöglich ist, der Zustand der Glückseligkeit geht vorüber, spätestens dann, wenn man hungrig wird oder vor zufriedener Erschöpfung einschläft. Sobald man wieder erwacht, stellt man »ernüchtert« fest, daß die erlebte Glückseligkeit verschwunden ist.

Sie muß sich wieder erneut ereignen. Und man sucht und erwartet sie. Der Verstand schaltet sich ein mit seinen Fragen, Zweifeln, mit seinem Wollen und Streben. Das beseligende Gefühl der Liebe kann der Verstand mit seinem Willen nicht herbeizwingen – es kann sich nur ereignen, wenn der Verstand ruhig und still ist, wenn er sich bescheiden zurückzieht und sich nicht einmischt. Wenn die Glückseligkeit verschwindet, ist die Liebe nicht verschwunden. Sie kommt erneut zurück, wenn ich mich dem Augenblick und der Sensitivität voll Vertrauen überlasse. Wenn mir der Partner wieder begegnet, der meine Liebe entzündet hat, muß sich erweisen, ob das Feuer des Gefühls wieder entfacht wird.

Ich stehe verwirrt und ratlos da, wenn der Verstand mit seinen »guten Gründen und Argumenten« die Liebe erstrebt, sie aber über die Sensitivität nicht zurückholen kann. Die Enttäuschung ist eine Enttäuschung des Verstandes, der sich das alles schön gedacht hat, der etwas wiederholen möchte, weil die Wiederholung ihm vertraut ist. In Gedanken kann alles wiederholt werden, das Denken dreht sich tagelang, jahrelang um die gleichen Prinzipien. Eins und eins macht zwei, das läßt sich jeden Tag neu denken, das ist heute richtig und auch noch in zehn Jahren. Die Liebe ist kein Rechenkunststück, sie läßt sich nicht in ein Schema zwingen, das sich beliebig oft wiederholen läßt. Die Liebe ist frei, sie entsteht nach ihren eigenen Gesetzen, die nicht die Regeln und Gesetze des Denkens sind.

Liebe entsteht in Freiheit. Sobald die Freiheit angetastet wird, sobald man glaubt, die Liebe besitzen zu können, den Partner, der Liebe auslöst, als einen ständigen Auslöser bereitstellen zu können, muß man die schmerzliche Erfahrung machen, daß sich die Liebe nicht mit den Maßstäben des Denkens besitzen läßt. Sie ist frei, sie kommt und geht nach ihren eigenen Prinzipien, die wir nicht benennen können, die uns niemand gelehrt hat. Das Denken versagt im Bereich der Gefühlswelt. Mit dem Denken kann ich eine Brücke über den Fluß bauen, aber nicht die Liebe in mir zum Glühen bringen.

Die Liebe kann nicht durch das Denken und sein Wollen »gemacht« werden, sie entsteht ohne mein bewußtes Streben, sie ereignet sich im Augenblick, wenn ich mich voll Vertrauen in den Augenblick begebe. Sie kann natürlich auch ausbleiben, dann ereignet sich das Ausbleiben. Ich muß das Ausbleiben genauso erleben wie das Erscheinen der Liebe. Ich muß das Ausbleiben ohne Enttäuschung erfahren können, dafür ist viel seelische Reife erforderlich.

Die meisten Menschen sind voll Gier, Ehrgeiz, Streben und Wollen, das schöne Ereignis zu wiederholen wie einen Gegenstand, den man sich nimmt oder kauft. Alle Gier, alles Streben und Wollen muß zur Ruhe kommen, damit ich nahe bei mir selbst bin, damit sich zwanglos, ohne Enttäuschung, auch das Ausbleiben der Liebe ereignen kann. Das Ausbleiben ist genauso wichtig und wertvoll wie das Erscheinen. In dieser Erkenntnis liegt viel Schönheit und Ruhe. Der Verstand versucht sich natürlich dagegen mit seinen Argumenten zu wehren: »Wie kann das Ausbleiben wichtig und wertvoll sein? Es geht doch um die Liebe, die mir Glück, Geborgenheit und Sinn vermittelt. Ich kann im Ausbleiben nichts Wertvolles erkennen! Das ist doch ein Verlust, und ein Verlust erzeugt Enttäuschung!«

Ein Verlust läßt nur dann Gefühle der Enttäuschung entstehen, wenn ich mich nicht voll Vertrauen dem Augenblick hingebe. Ein Verlust wird erst durch die Strategie des Denkens zu einer Enttäuschung. Ein Verlust – schon das Wort allein – ist für viele mit Angst besetzt; er ist ein lebendiger Vorgang, der nichts Schmerzliches in sich bergen muß, wenn ich voll Vertrauen mein seelisches Leben erfahre. Das Schwinden der Liebe muß kein Enttäuschungserlebnis sein, es kann Freiheit, Unbeschwertheit, Fröhlichkeit und Offenheit für Neues beinhalten.

Nun kommen die Moralprediger mit ihren Regeln von der »ewigen Liebe«, von der »Treue« und der »unsterblichen Liebe, die niemals vergeht«. Die Moralgesetze kommen alle aus dem Denken. Das Denken muß schweigen, wenn es um die Lebendigkeit der Liebe geht. Die Moralprediger lehren Moral, weil sie kein Vertrauen in die Lebendigkeit des Augenblicks haben, weil sie Vorstellungen mit der Liebe verbinden, die sie sich nicht aufhalsen läßt. Mit wieviel Ernsthaftigkeit, Wissenschaftlichkeit und Lautstärke sie auch predigen, die Wahrheit läßt sich hierdurch nicht beeinflussen. Der Geist wird verwirrt, die Seele wird krank, der Körper und die Organe werden in ihrer Funktion gestört, aber die Wahrheit bleibt davon unberührt bestehen. Und es bleibt dabei, daß die Liebe sich nicht vom Denken in ein Schema pressen läßt, sie ist frei, und sie kann nur in Freiheit wiederkehren – und sie hat die Freiheit, auszubleiben.

Auch im Ausbleiben liegt viel Schönheit und Sinn, daran ändert keine Moralkonstruktion etwas, soviel Macht sie über das Denken auch ausüben mag, so sehr sie das Denken auch in Gefangenschaft hält. Die Seele entfaltet sich nach ihren eigenen Prinzipien, sie sucht ihre eigene Reife, von ihr kann das Denken viel lernen, wenn es sich der ganzen seelischen Lebendigkeit öffnet. Die Kreativität kommt aus der Seele. Öffnen wir uns diesem Reichtum und vergessen wir die Gruselgeschichten von den »Schreckenskammern« seelischer Tiefen.

Eingespannt in Zwänge

Die Liebe kann sich nur in Freiheit entfalten, niemals unter Zwang. Sie gehorcht ihren eigenen seelischen Gesetzen, und sie nimmt keine Rücksicht auf Moralvorstellungen, welcher Art auch immer. Ich möchte hier nicht die Moralmaximen einzeln aufzählen, sondern ich überlasse dem Leser, seine persönliche Erfahrung mit den gelernten Moralregeln in individueller Weise sich selbst vorzustellen und klarzumachen.

Die einzelnen Moralmaximen sind sehr unterschiedlicher Art, sie sind klassenspezifisch, religionsspezifisch, altersabhängig, zeitbedingt, modespezifisch und geschlechtsspezifisch. Alle Moralmaximen haben eines gemeinsam: Sie sind im Denken gespeichert, und sie versuchen, über die Liebe einen Überbau von Regeln und Vorschriften zu legen; dabei geschieht es sehr oft, daß die Liebe unter diesem Netz von Moralregeln erstickt.

Ich kann nur immer wieder repetieren: Die Liebe kann sich nur in Freiheit entfalten, in absoluter Zwanglosigkeit. Die Liebe entsteht in unkomplizierter Einfachheit, sie ereignet sich sensitiv in einem Augenblick der Wachheit und Lebendigkeit. Danach erst mischt sich das Denken mit seinen Zwangsvorstellungen ein. Das Denken stellt Fragen und unterwirft die Liebe den unterschiedlichsten Tests. In diesem Moment ist sie in höchster Gefahr. Wenn alle Fragen positiv beantwortet sind, so daß der Liebe erlaubt wird, sich weiter zu entfalten, stellt das Denken in der Überzeugung seiner großen Klugheit den Besitzanspruch in den Vordergrund.

Wenn die Liebe alle Testhürden bestanden hat, dann wollen wir den Partner in Besitz nehmen. Dann soll er uns ganz allein gehören, dann ist das »meine Liebe«, eine Liebe, die »mir gehört«, ein Mensch, der »mein Leben teilt«, der »mir treu« ist, der »für mich« da ist, der »mich braucht« und den »ich brauche«.

Diese Verrücktheit, einen anderen Menschen in Besitz zu nehmen, gilt als absolut normal.

Die Liebe kann sich nur in Freiheit entfalten. Ich kann sie nicht erhalten, wenn ich sie teste und danach den Liebespartner in Besitz zu nehmen versuche. Ich muß den anderen in seiner Freiheit belassen, ihn so akzeptieren, wie er ist. Ich höre immer wieder: »Das ist ein Mensch, aus dem man was machen kann, den ich formen kann.« Jedesmal fühle ich mich unwohl und unglücklich über soviel Dummheit des vermeintlich so klugen Mitmenschen, der mir das als Privatmann oder als Klient anvertraut.

Es ist sehr schwer, dem »klugen Verstand« klarzumachen, daß mit dieser Besitznahme und Erziehungsarbeit die Liebe in höchste Gefahr gerät, weil der Prozeß der Entliebung damit beginnt. Die Liebe erträgt keinen Zwang, sie bedarf keiner Erziehung, denn sie ist vollkommen, sie kann nicht vollkommener werden, an ihr gibt es nichts zu erziehen, sie kann nicht in Besitz genommen werden. Wenn dennoch versucht wird, am Partner herumzumanipulieren, dann geschieht es nicht aus Liebe und nicht für die Liebe, sondern aus anderen Gründen. Gefördert wird dadurch nicht die Liebe, sondern es geht um andere Bedürfnisse, die im Vergleich zur Liebe von sekundärer Bedeutung sind. Die Liebe vergeht, wenn Moral, Klassenbewußtsein, Altersauffassungen, Religionsvorstellungen, Wirtschaftsauffassungen, Verhaltensnormen und sonstige Einstellungen und Regeln auf das Liebesverhältnis Einfluß nehmen wollen. Die Liebe hat das glücklicherweise nicht nötig. Sie entsteht in zwangloser Schönheit, Ruhe und Glückseligkeit, und sie kann nur in dieser Zwanglosigkeit existieren.

Sobald die Inbesitznahme des Partners beginnt, vergeht die Liebe. Sie verflüchtigt sich, sie verdunstet wie ein Tropfen Wasser auf einem heißen Stein. Je mehr man sich bemüht, die Liebe mit dem Verstand zu »fördern«, um so schneller und nachhaltiger verdunstet sie. Je mehr Zwang ausgeübt wird, um so rascher ist die Liebe vorbei, selbst wenn der Liebespartner noch bemüht und bereitwillig am gemeinsamen Besitz der Liebesbeziehung »mitarbeitet«. Je mehr wir bemüht sind, die Liebe zu fördern, um so schneller vergeht sie. Was wir so »gut meinen«, entpuppt sich sehr schnell als falsch. Nachträglich sind wir dann sofort bereit, dem anderen die Schuld dafür zu geben, wenn es nicht »geklappt« hat.

Es wird uns niemals gelingen, die Liebe zu fördern, wenn wir sie in die Zwänge unseres Denkens einspannen. Das Denken muß still werden, noch besser, es sollte gereinigt sein von allen Moralvorstellungen, Einstellungen, Regeln, Ideologien, Meinungen, Erfahrungen und Erkenntnissen. Je freier, unvoreingenommener und offener das Denken ist, um so besser und freier kann sich der lebendige Vorgang der Liebe seelisch entfalten. Ein ruhiger, bescheidener Geist, der sich nicht einmischt, kann die Liebe am besten fördern. Wenn wir die Liebe erfahren, sollten wir das Denken auf seinen ihm gebührenden Platz verweisen, denn das absolut Neue tritt in unser Leben. Das Neue bedarf keiner Wertmaßstäbe der Vernunft, sonst wird es am Alten gemessen, und das Neue erscheint ebenfalls schnell alt, dumpf und vernebelt. Das Neue ist frisch, und es benötigt deshalb die Aufnahmebereitschaft des unvoreingenommenen, offenen seelischen Erlebens, nicht des Denkens, das nur ein kleiner Teil der Gesamtpersönlichkeit ist.

Eifersucht

Eifersucht gilt als normal, weil sie von jedem mehr oder weniger heftig erlebt wird. Die Eifersucht kann nur in Gesellschaften auftreten, die in ihrem Denken besitzorientiert sind, die ihr Leben nach dem Haben-Modus einrichten.

Eifersucht entsteht dann, wenn man den Partner, das »Liebesobjekt«, für sich allein in die eigene Privatheit integrieren will. Das zu wollen, ist gesellschaftsabhängig und so weit verbreitet, wie die haben-orientierten Gesellschaften verbreitet sind. In der Liebe eine Ausnahme zu machen, ist nicht möglich, wenn das ganze Leben auf Besitz, Konkurrenz, Geltungskampf und Statusstreben ausgerichtet ist. Wenn sich jedoch das Besitzstreben, der Haben-Modus, in die Liebe einmischt, dann muß zwangsläufig die Eifersucht auf der Lauer liegen und uns das Leben und die Liebe schwermachen.

Wir wollen einerseits nicht die Schmerzen der Eifersucht erleiden, aber andererseits auch nicht von unserem Besitzdenken ablassen. So lange wir nicht durchschauen, daß beides zusammenhängt, befinden wir uns in Verwirrung, und jede Liebe schafft neben der Glückseligkeit Angst vor dem »Verlust des Partners an einen anderen Menschen, der ihm mehr bieten kann als ich«.

Es wird immer wieder behauptet, an der Eifersucht könne man den Grad der Liebe erkennen, also je eifersüchtiger jemand sei, um so mehr liebte er seinen Partner. Das ist natürlich ein Trugschluß. Je eifersüchtiger jemand ist, um so besitzorientierter und haben-fixierter ist er, er ist egoistisch eingestellt, er besitzt kein starkes, sondern – im Gegenteil – ein schwaches Ego. Die Zuwendung des Liebespartners zu einem anderen Menschen in neuer Liebe wird als persönliche Kränkung und Egoschwächung aufgefaßt.

Wir glauben, daß die Liebe sich für einen einzigen Menschen entscheidet und dann für immer bei diesem Menschen verharren müßte (der Mythos von der »einzigen, wahren und großen« Liebe). Nachdem ich auf den bisherigen Seiten das Phänomen Liebe von den verschiedensten Seiten beschrieben habe, sollte, so hoffe ich, klargeworden sein, daß es die einzige, wahre und große Liebe nicht gibt. Die lebendige Psyche des Menschen läßt sich nicht auf eine einzige und endgültige Liebe zu einem Menschen fixieren. Die Liebe entsteht in zwangloser Offenheit, in Sensitivität, sie ereignet sich aufgrund unserer seelischen Lebendigkeit täglich neu, zu einem bekannten Menschen und auch zu einem neuen, bisher unbekannten Menschen. Das ist die Tatsache, wir müssen sie in voller Klarheit erfassen, dann können wir erkennen, daß alle anderen Definitionen aus dem Denken stammen, das uns Normen, Moralvorstellungen und Regeln vermittelt, die auf die Wirklichkeit aufgepfropft sind und eine Vergewaltigung der lebendigen Wirklichkeit sind.

Wenn sich die Liebe von einem Partner abwendet, dem anderen zuwendet, dann ist das ein Prozeß der Lebendigkeit, nicht der Lasterhaftigkeit. Die Liebe muß sich täglich neu entfalten, sie ist kein statischer Vorgang, der konserviert werden kann. Konservierung entspricht unserem Besitzdenken, aber das bedeutet Unterdrückung, Fixierung, Unlebendigkeit und Tod einer Liebesbeziehung.

Die Liebe muß sich täglich immer wieder zwanglos neu entfalten, oder wir verlieren sie. Wir können eine Beziehung aufbauen, eine Wirtschaftsgemeinschaft, eine Schutz- und Trutzburg gegen die »gemeine und häßliche« Welt und uns »ewige Treue« schwören, aber das ändert nichts an der Tatsache, daß dem Phänomen Liebe dadurch Zwang angetan wird. Die Liebe stellt sich immer seltener ein, je mehr die verschiedenen Aspekte dieser Art von Beziehung und Treue im Vordergrund stehen. Diese Wahrheit wollen wir nicht sehen, wir verleugnen, verdrängen und rationalisieren sie. So lange wir die Wahrheit des Phänomens Liebe nicht erkennen wollen, werden wir immer wieder in den Schmerz der Eifersucht gelangen, werden wir die Angst vor dem

Verlust des »Besitzes« nicht los, werden wir unfrei sein und uns vor der Lebendigkeit des Augenblicks verschließen, werden wir Liebe suchen und immer wieder seelisches Leid erfahren. Wir befinden uns auf einer Schiffschaukel, die zwischen Glückseligkeit und Schmerz hin- und herschwingt, bis durch Abstumpfung die Glückseligkeit und das Leid mit den Jahren immer geringer werden. Wir haben uns »drein geschickt«, in Ehe, Partnerschaft und Beziehungen, die »halt so sind«.

Der eifersüchtige, besitzorientierte Partner behindert uns mehr, als daß er uns fördert; auf diese Weise entwickelt sich der Haß.

Wenn aus Liebe Haß wird

Die Seele wehrt sich, wenn sie in ihrer Entfaltung behindert wird. Und sie beginnt langsam, aber stetig, denjenigen zu bekämpfen, der sie behindert. Der Lebendigkeit ist ein Prinzip einprogrammiert, sie will sich entfalten, entwickeln und wachsen, sich in der ihr gemäßen Form bestmöglich ausgestalten, um dann in Erfüllung und Sinn zu sterben. Das Sterben fällt leicht, wenn die Entfaltung täglich gelingt.

Sterben ist alltäglich und besitzt Schönheit. Das Alte muß absterben, damit das Neue entstehen kann. Lebendigkeit ist Wandlung, sie ist nicht statisch, sondern braucht die Veränderung. Ich kann mich nicht an das Alte klammern, wenn ich die Lebendigkeit bejahe und suche. Im Absterben des Alten liegt viel Schönheit. Das Leben fließt von einem Augenblick zum anderen. Der eine Augenblick muß vergehen, damit sich der neue Augenblick voll entfalten kann. Lebendigkeit ist niemals Stillstand, sie kann nicht festgehalten und konserviert werden. In der Veränderung und Wandlung liegt die Schönheit, Glückseligkeit und der Sinn des Lebens. Eigenartig, daß diese Tatsache von Moralaposteln immer zu verschleiern versucht wurde. Warum versuchten sie, die Lebendigkeit zu bekämpfen durch Moral, Disziplin und Regeln? Ich stelle diese Frage, ohne sie zu beantworten, denn ich möchte, daß Sie sich diese Frage selbst beantworten.

Wenn die Lebendigkeit behindert wird, dann wehrt sich die Einheit Körper und Seele dagegen. Die Liebe ist ein exemplarisch lebendiger Vorgang, sie ist vollkommene Lebendigkeit. Wenn diese Lebendigkeit eingeschränkt, diszipliniert oder behindert wird, dann wehrt sich die Seele und der Organismus. Der Körper reagiert mit organischen Symptomen, und die Psyche reagiert mit Haß. Gehaßt wird die Person oder Institution, die die Einengung oder Vergewaltigung der Lebendigkeit verursacht.

Liebe ist die positive Kraft der seelischen Evolution, und Haß ist die Kraft zur Befreiung. Liebe und Haß sind keine Gegensätze. Die Liebe ist das oberste Prinzip des Lebens, und der Haß ist eine Reaktion, die der Liebe verzweifelt zum Durchbruch verhelfen will. Der Haß steht im Dienst der Liebe. Dieser positive Sinn des Hasses wurde bisher nicht gesehen. Der Haß gilt als das Böse, als das Negative par excellence, und doch ist Haß genauer betrachtet zunächst etwas Positives und Gutes.

Gehaßt wird die Behinderung und Einschränkung der Lebendigkeit. Der Haß ist eine Reaktion der Verzweiflung, ein ohnmächtiger (unbewußter) Versuch, mit Zerstörung und Gewalt aus der behinderten Situation herauszufinden in die Freiheit der Lebendigkeit.

Wenn ich aus Haß einem anderen ins Gesicht schlage, dann versuche ich mich aus der Gefangenschaft einer Einengung zu befreien, dann leide ich unter den Zwängen dieses anderen. Zwang erzeugt Haß. Wenn auf die Liebe Zwang ausgeübt wird, dann entsteht Haß, dann wehrt sich die lebendige Seele, und dies führt zu Gewaltakten bis zum Mord. Der Mord aus Eifersucht ist damit nicht gemeint. Das eifersüchtige Motiv ist einschränkend und provoziert Haß. Der Mord aus Freiheitssehnsucht, aus Unterdrückung, ist gemeint – er ist damit nicht gerechtfertigt. Verständnis ist keine Rechtfertigung. Verständnis befürwortet nicht die Haßtat. Verständnis gibt uns jedoch die Möglichkeit zu lernen. Wir sollten versuchen, den Haß zu vermeiden, ihn nicht möglich zu machen. Wir müssen neue Wege gehen, um den Haß einzudämmen. Wir suchen die Liebe und erzeugen dennoch sehr oft den Haß, darüber sollten wir uns Gedanken machen. Wir suchen das Positive und bewirken das Negative. Warum ist das so? Diese Frage ist sehr wichtig, es ist vor allem wichtig, daß wir uns die Frage selbst stellen, daß die Frage zu unserer persönlichen Frage wird. Wir sollten die Antwort nicht den religiösen Institutionen oder den Politikern überlassen. Es ist eine Frage, auf die wir selbst, jeder einzelne, die Antwort finden sollten.

Um es klar zum Ausdruck zu bringen: Der Haß ist kein Ereignis, das abseits von unserer Wohlgeordnetheit »da draußen bei den anderen« geschieht, sondern wir sind davon täglich von Seiten der anderen und in unserer eigenen Seele bedroht. Wir müssen die Lebendigkeit der Einheit Körper und Seele verstehen, nicht nur mit dem Verstand, sondern mit unserer gesamten Erkenntnismöglichkeit.

Der Verstand kann die Lebendigkeit nie vollständig beherrschen. Jeder Versuch führt in die Zerrüttung, in den Haß und den zu frühen Tod. Der Haß zerstört andere, und er zerstört auch uns selbst.

Weitere psychologische Erkenntnisse über den Haß

Jeder, der haßt, leidet unter dem Haß und fühlt sich zutiefst verunsichert, weil er spürt, daß der Haß blockiert und dadurch der Sinn der eigenen Existenz verfehlt wird. Dennoch ist Haß weit verbreitet, verbreiteter als die Liebe. Haß entsteht, so wurde festgestellt, wenn die Lebendigkeit in ihrer Entfaltung behindert wird. Die Liebe ist die höchste und erfüllendste Form der Lebendigkeit. Haß entsteht nicht nur, wenn die Liebe behindert wird, sondern auch, wenn alle anderen Arten der Lebendigkeit gebremst oder unterdrückt werden.

Eine zu harte Erziehung erzeugt Haß, zum Beispiel ein Erziehungsstil der Erziehungspersonen, der mit Tadel, Kritik, Strafe und körperlicher Züchtigung die Entfaltung des Kindes durch Angst vor Liebesverlust sowie seelischem und körperlichem Schmerz reglementiert. Das in seinem Bewegungs-, Spiel- und Kreativitätsbedürfnis eingeschränkte Kind übernimmt zwar die Erziehungsnormen in sein Über-Ich, es wird angepaßt, brav, erfüllt aufgrund der Introjektion die verlangten Normen, aber es sammelt in seiner Seele auch unterdrückten und uneingestandenen Haß auf die Unterdrücker. Es wird in seiner Lebendigkeit behindert und entwickelt zuwenig Liebe zu sich selbst, zu den Erziehungspersonen und der einschränkenden Umwelt. Anstatt einen Lebensstil der Lebensfreude entwickelt es eine neidische und destruktive Neigung bis zur unterdrückten oder im Extremfall auch ausgedrückten Destruktivität.

Die Fähigkeit, der Umwelt unvoreingenommen, offen und positiv entgegenzutreten, ist gestört, und es wird der Umwelt, den Mitmenschen und Institutionen Mißtrauen entgegengebracht. Die Wahrnehmungsfähigkeit ist verzerrt, die Sensitivität kann sich nicht in offenem Vertrauen, in Verletzlichkeit und uneingeschränkter Sensibilität entfalten. Es besteht eine psychische

Störung, eine Behinderung in der Erlebnisfähigkeit. Diese seelische Behinderung ist leider weit verbreitet, und sie verstärkt sich, je häufiger ein behinderter Mensch auf andere behinderte Menschen trifft. Jeder fügt dem anderen kleine seelische Verletzungen zu – durch Kritik, Abwertung, Lächerlichmachen, Arroganz, Aggression, Machtausübung, Unterdrückung, Zwang, Tadel, Bestrafung. Die ausgeteilten negativen Reaktionen, die Herabsetzungen, verschaffen innere Befriedigung, sie sind ständige kleine Vergeltungsmaßnahmen für den unverarbeiteten Haß.

Psychologisch gesehen ist es nicht verwunderlich, daß von seelisch frustrierten Machthabern ein ganzes Volk zu destruktivem Verhalten aufgewiegelt werden kann, wie es beispielsweise in der Phase des Nationalsozialismus geschehen ist.

Nach der Fernsehserie »Holocaust« fragten sich alle ratlos: »Wie konnte das geschehen? Wie war es möglich, daß Menschen (»normale« Biedermänner) bereit waren, Millionen von wehrlosen Mitmenschen in Konzentrationslagern zu quälen und umzubringen?« Diese Frage ist psychologisch sehr einfach zu beantworten: Solange es unterdrückte und psychisch in ihrer Entfaltung behindert erzogene Menschen gibt, lauert der unbewußte, uneingestandene Haß darauf, sich auszudrücken und auszuleben. Es verschafft der Seele dieser Menschen eine tiefe, ihnen selbst unerklärliche Befriedigung, andere zu demütigen, ihr Leben zu zerstören, sie hassen und zerstören zu können, wenn sie auf legale Weise Macht dazu erhalten. Die Destruktivität lauert ständig auf eine Gelegenheit, sich auszudrücken und anderes Leben zu schädigen, anstatt zu lieben.

Das Haßpotential ist in der heutigen Gesellschaft, zum Beispiel in der Bundesrepublik und in anderen europäischen Ländern, keineswegs geringer als zur Zeit des Nationalsozialismus vor fünfzig Jahren. Die politischen Verhältnisse haben sich jedoch glücklicherweise so gewandelt, daß durch die unvergessene historische Erfahrung ein Ausleben des Hasses in dieser Form in den vergangenen fünfunddreißig Jahren nicht ermöglicht wurde.

Wir sollten uns jedoch nichts vormachen, das Haßpotential ist in der Bevölkerung nach wie vor vorhanden – es offenbart sich jedoch zur Zeit nicht so offensichtlich wie in der Zeit des Dritten Reiches. Es zeigt sich in subtileren Ausdrucksformen – im Konkurrenzkampf, in mangelnder Solidarität zum Mitmenschen, in einem falsch verstandenen Darwinismus des Leistungskampfes, in der Abwertung von Minderheiten, in psychischen Störungen und Krankheiten, in steigenden Selbstmordraten und in steigender Kriminalität.

In besonders krassen Fällen lesen wir im Lokalteil der Zeitungen und in überregionalen Berichten von »unverständlichen« Morden, Morden ohne »ersichtlichen« Grund, ohne Motiv. Ein junger Mann erschießt einen Taxifahrer, ohne Grund. Drei junge Männer erschießen eine Familie, ohne Grund; Verbrechen ohne Gewinnsucht, ohne Vorbereitung, aus dem Augenblick heraus, spontan. Die Mörder sagen: »Es hat mich überkommen, und dann habe ich geschossen.« Die Mörder zeigen »keine Reue«, sie haben »kein Schuldempfinden«, sie können ihre Tat selbst »nicht erklären«.

Psychologisch gesehen sind diese Morde gut zu erklären. Es handelt sich um aufgestauten, unterdrückten Haß gegenüber dem Leben, den Mitmenschen, und es entsteht in extremen Fällen und Situationen ein spontaner Drang, diesen Haß auszudrücken und abzureagieren. Diese Mörder fühlen sich deshalb hinterher »irgendwie befriedigt und erleichtert«.

Wer nicht geliebt wird und nicht lieben kann, der erleidet starke psychische Qualen und Schmerzen. Diese Schmerzen sind allerdings im Bewußtsein tabu, über sie wird nicht gesprochen, sie sind dem Normalbürger sprachlich nicht faßbar, sie lassen sich nicht in Worte kleiden, sie bleiben unausgesprochen. Was nicht in Worte gefaßt wird, das scheint nicht zu existieren.

Die seelische Behinderung der blockierten Liebesentfaltung ist der stärkste seelische Streß; für viele ein Dauerstreß, der sie stumpf macht und dahinsiechen läßt. Sie hassen und wollen eigentlich lieben. Weil sie nicht lieben können, versuchen sie, ihren Haß zum Ausdruck zu bringen. Der Mord ist nur die spektakulärste Form dieses Hasses. Im Alltag ist der Haß ein ungelöschter Schwelbrand, der seine Rauchzeichen täglich zeigt. Wir treffen häufiger auf Signale des Hasses als auf Signale der Liebe. Die seelische Behinderung des Hasses ist weiter verbreitet als die Gesundheit der Liebe.

Die Flüchtigkeit der Liebe

Wir glauben an die Liebe als eine Konstanz; einmal die Liebe »errungen«, gilt es, sie nur noch »festzuhalten« – und dann bleibt sie uns (möglichst für immer) erhalten. Die Liebe der Eltern, falls wir das Glück hatten, liebesfähige Eltern zu haben, bleibt über Jahrzehnte mehr oder weniger konstant, zumindest das Empfinden, das wir für Elternliebe halten. Die Elternliebe war für unsere gesunde psychische Entwicklung lebensnotwendig. Die Angst des Kindes, die Liebe und Zuneigung der Eltern zu verlieren, nach Sigmund Freud die »Trennungsangst«, hinterläßt tiefe Spuren in unserer Psyche.

Der Verlust der Elternliebe ist für das Kind in unserer Industriegesellschaft nicht nur eingebildet, sondern tatsächlich gefährlich, denn es würde materielle und seelische Geborgenheit verlieren. Die Kinder spüren das.

Die erlebte Angst vor dem Verlust der Elternliebe wird vom Erwachsenen auch auf die Partnerliebe übertragen, sobald eine

Beziehung aufgebaut wurde. Wir klammern uns an die Beziehung, wir suchen bei ihr Schutz, Geborgenheit und Sicherheit. Die Liebe, sobald sie in eine Beziehung einmündet, erzeugt »Trennungsängste«. Dies ist bedauerlich, denn dieser seelische Vorgang führt zu viel Unsicherheit, Kummer und Leid.

Betrachten wir die Liebe unter Erwachsenen (nicht die Elternliebe) einmal unvoreingenommen so, wie sie wirklich ist, dann müssen wir erkennen, daß sie etwas sehr Flüchtiges ist, ein Gefühl, das aus dem Augenblick heraus geboren wird. Kein Augenblick läßt sich festhalten, es ist eine unerschütterliche Gesetzmäßigkeit, daß jeder Augenblick vergehen muß, weil er in den nächsten Augenblick übergeht – und das in unerschöpflicher Folge bis zu dem gefürchteten Moment, wenn alles Erleben ein Ende hat, im Tod.

Die Liebe ist kein Gefühl, das einmal errungen werden kann und dann zu unserem Besitz wird wie ein materieller Gegenstand. Wir können die Liebe nicht besitzen, genausowenig wie wir einen erwachsenen Menschen jemals besitzen können.

Der Wille hat über die Liebe in uns selbst und in einem anderen Menschen keine Macht. Der Verstand glaubt, die Liebe »fördern« und »festhalten« zu können, wenn er sich hierfür in seiner »logischen Denkweise« Pläne zurechtlegt. Der Verstand hat jedoch keine Macht über den seelischen Vorgang der Liebe. Die Liebe richtet sich nicht nach den Wünschen und Überlegungen des Verstandes, sie kommt und geht nach ihren eigenen Gesetzen, die wir mit dem Verstand nicht auszumessen vermögen.

Wir können mit dem Verstand die Gefühle nicht manipulieren, deshalb sind wir aber nicht hilflos einem rätselhaften Chaos ausgeliefert, wie viele vorschnell meinen. Wir können uns voll Vertrauen den Gefühlen hingeben, ohne befürchten zu müssen, in einem Dschungel von Gefühlen unterzugehen.

Wenn wir den Gefühlen der Liebe voll vertrauen, kann uns

nichts geschehen. Wenn wir uns jedoch voll Mißtrauen und Angst dagegen wehren, entsteht seelische Verkrampfung und Anspannung. Wir werden verwirrt und erkranken auf die Dauer seelisch und körperlich, wenn wir uns gegen den freien Fluß unserer Lebendigkeit zur Wehr setzen wollen.

Wenn die Liebe entsteht, sind wir glücklich und entspannt, sobald wir die Liebe aber festhalten wollen und an unseren Gefühlen herummanipulieren, werden wir unsicher, wir verlieren den Boden unter den Füßen, wir erkennen, daß die Liebe sich dann verflüchtigt.

Die Liebe entsteht in einem Augenblick der Sensitivität, und sie verschwindet, sobald wir nicht mehr sensitiv sind. Die Liebe zu einem anderen Menschen ist kein chemischer Vorgang, der sich materiell festigt und dann für uns jederzeit aus der Schublade greifbar zur Verfügung steht wie eine chemische Substanz.

Die Liebe muß in jedem Augenblick neu entstehen. Wenn der Tag vergeht und wir uns zum Schlaf niederlegen, wachen wir nach acht Stunden auf, und ein neuer Tag beginnt. Die Liebe ist verschwunden. Ein neuer Prozeß der Wachheit setzt ein, die Liebe muß wieder neu entstehen.

Wenn wir liebesfähig sind, also die Fähigkeit zur sensitiven Aufmerksamkeit besitzen, dann stellt sich die Liebe wieder auf zwanglose Weise ein. Wir müssen viel Vertrauen in den Augenblick haben und ohne Angst, Begierde, Ehrgeiz, Manipulation, Streben und Wünschen in den nächsten Augenblick hineingehen. Wir müssen uns weit öffnen, ohne Sorge, die Liebe verloren zu haben oder sie verlieren zu können, dann *kann* sie sich erneut ereignen, sie *muß* nicht; wenn wir offen sind, dann sind wir für die Liebe offen, nicht nur für diesen einen Menschen, den wir gestern geliebt haben.

Die Liebe ist das größere, das allgemeine Prinzip, sie ist nicht ein für allemal auf den einen Menschen festgelegt, den wir gestern geliebt haben.

Hier liegt das Problem, vor dem wir so gerne die Augen verschließen, weil wir nicht sorglos sind, weil wir die Beziehung (die Liebe zu dem einen Menschen) festhalten wollen. Wir wollen besitzen, anstatt auf die Flüchtigkeit des Augenblicks zu vertrauen. Dieser Besitzwunsch verwirrt unsere Gefühle, er macht uns selbst und auch den anderen unfrei. Die Liebe kann sich nur entfalten, wenn Freiheit besteht. Die Liebe ist frei, sie läßt sich in jedem Augenblick neu auf das nieder, was im Moment geschieht, ich kann sie nicht in den Käfig einer Beziehung sperren. Wenn ich es dennoch versuche, dann wird sie verkümmern und meine seelische Kraft, Offenheit, Glückseligkeit und Lebendigkeit gleichfalls.

Diese Erkenntnis wollen viele nicht wahrhaben, sie wehren sich mit Aggressivität dagegen, oder sie unterbinden jede Diskussion über dieses Thema. Aller Widerstand dagegen nützt uns jedoch nichts, denn die Tatsachen bleiben davon unberührt. Wir können uns weigern, das Phänomen Liebe so zu sehen, wie es ist, das kann uns niemand verwehren, aber die Liebe kümmert sich nicht um die Tricks unseres Verstandes, sie lebt ihr Eigenleben. Wenn sie dazu gezwungen wird zu verkümmern, dann geht sie auf die ihr eigene Weise zugrunde, daran kann keine Philosophie, Ideologie, Moral oder Willenskraft etwas ändern.

Neurose kommt zu Neurose

Die Liebe selbst ist frei von Problemen, in ihr ereignet sich Glückseligkeit, Sinnempfindung, Freude, Zufriedenheit und Erfüllung. Sobald sie jedoch zu einer festen Beziehung wird, beginnen die Probleme. Eine Beziehung beginnt, wenn das Denken einsetzt und die »Selbstvergessenheit in Liebe« aufhört.

Die Liebe ist völliges Akzeptieren, die Individualität des anderen wird ohne Frage angenommen. In einer festen Beziehung dagegen werde ich mir meiner Individualität und der des anderen bewußt. In einer Beziehung trifft eine Ichstärke auf die andere Ichstärke, und es beginnt ein Kampf zwischen zwei Wesen, die voneinander etwas erwarten, erhoffen oder fordern.

Mit der Ichstärke, den Idealen, den Hoffnungen und Erwartungen tritt Distanz auf. Sobald die feste Beziehung beginnt, wird Distanz erfahren. Die Liebe vermag jede Distanz zu überwinden, sie verbindet Rassen, Ideologien, gesellschaftliche Klassenunterschiede, Bildungsstufen, das ist beglückend.

Sobald eine Beziehung »aufgebaut« wird, wird es dadurch der Liebe schwergemacht, sich wieder und wieder einzustellen, denn eine Beziehung stellt, je länger sie dauert, die Distanzen fest und findet immer seltener zur Aufhebung dieser Distanzen in Liebe.

Die Liebe entfaltet sich, sie genügt sich selbst, denn sie ist das Vollkommene. Wenn die Beziehung beginnt, dann wartet das Denken mit seinen Hindernissen auf: Eifersucht, Besitzdenken, Machtstreben, Geltungsstreben, Neid, Gehemmtheit, Angst, Störungen des Selbstbewußtseins usw.

Nur zwei psychisch völlig gesunde Menschen können auch eine gesunde und störungsfreie Beziehung aufbauen, die die Liebe nicht beschädigt und schwächt. Leider ist die Regel, daß zwei Menschen, die sich begegnen, in ihrer Psyche mehr oder weniger stark gestört sind, sie sind »neurotisch«. Wenn in einer festen Beziehung ein neurotischer Mensch auf einen anderen neurotischen Menschen trifft, dann entstehen zwangsläufig Reibungen. Jeder reibt sich an der Störung des anderen. Selbst wenn beide die gleichen Störungen haben, zum Beispiel Selbstunsicherheit, so reiben sie sich gegenseitig an ihrer Selbstunsicherheit. Sie achten mißtrauisch und lauernd darauf, ob ihr Selbstbewußtsein in der alltäglichen Beziehung, im Kontakt und in der

Kommunikation aufgebaut oder abgebaut wird. Dies ist die alltägliche Situation einer Beziehung. Wer eifersüchtig ist, wird den anderen mit seiner Eifersucht überwachen oder einschränken müssen. Wer Angst hat, wird den anderen mit seiner Angst belasten. Wer Macht ausüben muß, um sein Ego zu stärken, wird über den anderen Macht ausüben. Wer neidisch ist, wird dem anderen Erfolge nicht gönnen können. Wer besitzgierig ist, wird um den anderen ein Gefängnis bauen. Wer einer Ideologie verfallen ist, wird den anderen bekehren wollen. Wer ein Vorurteil vertritt, wird den anderen davon überzeugen wollen.

In Beziehung zu treten, ist für einen neurotischen Menschen immer mit Hoffnungen, Erwartungen, Plänen, Zielen, Regeln, Ideologien und Egostärkungen oder -schwächungen verbunden. Der psychisch gesunde Mensch wird dagegen den anderen in seiner Individualität respektieren und belassen, weil er seine eigene Individualität als etwas Positives und Unantastbares erlebt.

Bei psychisch gestörten Menschen geht die Liebe zu Ende, wenn sie miteinander eine feste Beziehung aufbauen. Bei psychisch gesunden Menschen kann sich die Liebe erhalten, wenn sie in Beziehung zueinander treten. Die Liebe gewinnt an Kraft, wenn die Beziehung an Bedeutung verliert. Die Beziehung hat nur einen gemeinsamen Nenner, die Liebe, alles andere spielt nicht nur eine untergeordnete, sondern überhaupt keine Rolle. Es wird jetzt verständlich, warum die Liebe sich so selten in einer festen Beziehung erhalten kann. Wir müssen erst einmal mit uns selbst ins reine kommen, wir müssen psychisch gesund werden, bevor wir an eine feste Beziehung denken können. Solange wir das außer acht lassen und neurotisch bleiben, wird jede Liebe durch die nachfolgende Beziehung zwangsläufig zerstört werden. Das hat negative Folgen für die seelische Gesamtverfassung, da jede gescheiterte Liebe ein schmerzliches Erlebnis ist. Wir geben uns selbst, dem anderen oder auch beiden die Schuld für das

Scheitern und wundern uns, warum wir seelisch nicht reifer werden.

Wir müssen an uns arbeiten, wir müssen seelisch frei, unabhängig, offen und gesund werden, damit die Liebe uns nicht immer aufs neue durch die Finger rinnt. Ein psychisch freier und gesunder Mensch geht eine andere Art von Beziehung ein als ein neurotischer Mensch. Seine Beziehung ist eine Liebesbeziehung, keine Ego-Beziehung. Die gesunde Beziehung steigert die Liebe und blockiert sie nicht. Die unblockierte Liebesbeziehung, in der das Ego mit seinem Denken keine Rolle mehr spielt, ist wahre Glückseligkeit, Dynamik und vollkommene Sinnerfahrung. Dieses Erlebnis läßt sich mit Worten nur unvollkommen beschreiben. Worte sind nur ein grauer Schatten, ihnen fehlt der Glanz, weil sie aus dem Denken kommen und nicht aus dem lebendigen Fühlen und Erleben.

6.

DIE FOLGEN ENTTÄUSCHTER LIEBE

»*Es gibt andere, die die Ansicht vertreten, innerhalb unserer Gesellschaft seien Liebe und weltliches Leben grundsätzlich unvereinbar, so daß von der Liebe zu reden, heute nur ein Mitmachen am allgemeinen Betrug darstelle; sie glauben, daß nur ein Märtyrer oder ein Verrückter in der Welt von heute lieben könne und daß daher die Diskussion der Liebe nichts als leeres Predigen sei. Dieser zwar sehr respektable Standpunkt ist aber häufig nur eine Rationalisierung des eigenen Zynismus und der eigenen Unfähigkeit zur Liebe.*«

ERICH FROMM

Liebe ist anteilnehmende, wertschätzende, zärtliche, wohlgesonnene seelisch-geistige und körperliche Zuwendung. Die Zuwendung wird zwischen zwei Menschen gegenseitig ausgetauscht, sie kann als eine Energie bezeichnet werden, die abgegeben und empfangen wird. Wird nur einseitig Zuwendungsenergie gegeben und keine »erwartete« Energie empfangen, dann führt das zu einem Energiedefizit bei dem Partner. Dieses Defizit führt zur Störung der Liebesbeziehung.

Die Liebe kann als ein Energiephänomen (natürlich nicht im physikalischen Sinne) angesehen werden. Wenn ich nur Energie abgebe und keine Energie empfange, werde ich nach einiger Zeit an einem Energiedefizit seelisch erkranken. Es entstehen dann Symptome vielfältigster Art: Reizbarkeit, Nervosität, Frustrationsgefühle, Schreckhaftigkeit, Selbstunsicherheit, Angst, Aggression, Haß und Depression.

Es wurde bisher vor allem die Liebesfähigkeit beschrieben, die Bedeutung der Bereitschaft, Zuwendung zu geben und durch Sensitivität im Hier und Jetzt sich für die liebende Zuwendung zu öffnen, also die eigene Energie frei strömen zu lassen.

Nun möchte ich auf den ebenfalls wichtigen Aspekt des Empfangens von liebender Zuwendung zu sprechen kommen. Wir empfangen sehr viel, wenn wir uns sensitiv verhalten, die sinnliche Offenheit bietet uns eine Fülle von sinnlichen Genüssen und Vergnügen, wenn wir *bereit* sind zu sehen, zu hören, zu riechen und zu schmecken. Die Liebe zur Natur ist ein Beispiel dafür.

Wenn ich in sensitiver Offenheit durch den Wald gehe, so gibt mir die Natur durch ihre sinnlich erfahrbaren Reize Glück und Energie. Ein sensitiver Waldspaziergang ist eine große *Energiezufuhr*. Der Wind schmeichelt meinen Wangen, die Gerüche der Bäume, der Erde, des Grases und der Blumen sind Geschenke, eine Energie, mit der ich mich volltanken kann, wenn ich offen dafür bin.

In der Liebe zu anderen Menschen ist das Energieproblem schwieriger. Ich kann mich zu anderen Menschen genauso sinnlich offen verhalten wie zur Natur, dann erhalte ich Zuwendung und Energie durch ihre bloße Existenz. Ich will jedoch mehr, ich erwarte die Bestätigung, daß ich geliebt werde, und die suche ich in einer festen Beziehung und im sexuellen Kontakt. Sobald ich diese Zuwendung wünsche, bin ich aber von dieser Energie abhängig, um mich wohl, geborgen und glücklich zu fühlen.

Die Frage ist nun: Brauche ich diese Zuwendung, ist sie notwendig für mein Energiegleichgewicht? Werde ich psychisch krank, wenn ich diese Energie nicht erhalte? Wenn ich mich als autonomes Einzelwesen sehe, dann genügt mir die Sensitivität und Liebe zur Natur und den Menschen, um mich aufzuladen. Wenn ich aber *von* den Menschen *geliebt werden will*, dann gerate ich ausweglos in die Situation, daß ich die Zuwendung von den Menschen erwarte und brauche. Wird diese Erwartung enttäuscht, dann muß ich die Folgen des Energiemangels erleiden. Das Erhalten von liebender Zuwendung ist dann im Kontakt mit Menschen erforderlich. Das Kind benötigt dagegen unbedingt Zuwendung, um sich psychisch gesund entwickeln zu können, wie psychologische Untersuchungen gezeigt haben. Bleibt die liebende Zuwendung in den ersten Lebensjahren aus, entsteht der sogenannte »Autismus«, eine schwere psychische Störung, die zu einer seelischen Verkümmerung führt, an der Kinder auch sterben können.

Nach meiner Auffassung benötigt der Erwachsene, der unter Menschen lebt (nicht der Einsiedler), nur dann liebende Zuwendung von seinen Mitmenschen, wenn er sie erwartet. Fehlt diese Zuwendung, ist eine psychische Erkrankung, die Depression, die Folge. Ein Erwachsener, der sich Liebe erwartend öffnet, aber von anderen Menschen keine Liebe erhält, fühlt sich nutzlos, sinnlos und schwach. Er erhält nach seinen Erwartungen zuwenig Energie, die er für ein aktives Leben unter Menschen braucht. Er wird durch dieses Defizit antriebsschwach, passiv, initiativlos, müde, unsicher. Er fühlt sich niedergedrückt, schwunglos, glanzlos, mutlos. Das sind die Symptome der Depression.

Das Erhalten von Zuwendung und Liebe ist dann das beste Antidepressivum, es fördert Dynamik, Initiative, Lebenslust und Lebensfreude. Wer selbst liebt und Liebe erhält, dessen Energie fließt, er gibt Energie und erhält Energie, er fühlt sich gesund, stark, mutig, positiv und lebensbejahend, er entwickelt Charme, Witz und Geist. Der Körper, die Seele und der Geist werden erfrischt und belebt. Ich kann mich noch heute daran erinnern, wie mein Deutschlehrer auf dem Gymnasium den alternden Goethe als Beispiel zitierte: »Ich bin in niemand verliebt, in mich ist niemand verliebt – es möcht' kein Hund so länger leben.« So ist mir das Zitat in Erinnerung, ich habe es bei Goethe selbst nie gelesen, Goethe-Kenner mögen deshalb verzeihen, wenn der exakte Wortlaut etwas anders sein sollte.

Der von Goethe beschriebene Zustand ist sehr anschaulich: Ich muß lieben, und mich *muß* jemand lieben, damit ich der Depression entgehe, damit ein lebendiger energetischer Zustand besteht, in dem ich mich lebensfroh, mutig und dynamisch fühle. Es besteht ein Zustand der Abhängigkeit.

Liebesverlust ist der stärkste psychische Schmerz

Lieben vermittelt das Gefühl von Glückseligkeit, Gesundheit und Lebenssinn. Wir kommen nicht auf die Welt, um zu hassen oder zu zerstören, sondern um die Welt, die Natur und unsere Mitmenschen zu lieben. Liebe ist die eigentliche Bestimmung des menschlichen Lebens. Warum existieren dennoch soviel Haß und Zerstörung? Die Beantwortung dieser Frage ist nicht einfach. Ich hoffe, daß es mir gelingt, die psychischen Hintergründe für den Haß und die Zerstörung verständlich machen zu können.

Wer liebt, fühlt sich glücklich und wohl. Die Liebe zur Natur, zu Tieren und zu Blumen ist unproblematisch, wie bereits erwähnt, weil wir nichts von Tieren und Blumen erwarten oder fordern. Wir akzeptieren die Natur in ihrer Eigenständigkeit und geben uns damit zufrieden, den Dingen unsere Liebe zu schenken.

Anders verhält es sich bei der Liebe zu den Menschen. Sobald wir die Menschen nicht in ihrer Eigenständigkeit akzeptieren, sondern erwarten, von ihnen wiedergeliebt zu werden, beginnen die Probleme, steht die Enttäuschung zum Sprung bereit. Eine Blume kann mich nicht enttäuschen, weil ich mich mit ihrer Gegenwart begnüge, weil ich von ihr keine Gegenliebe erwarte.

Sobald wir von den anderen Gegenliebe für unsere Liebe (zärtliche Zuwendung) erwarten, denken wir in den Prinzipien des Geschäfts: Ich gebe dir das, und du gibst mir dafür jenes, dann sind wir quitt. Oder: Ich gebe dir das und erwarte von dir dieses, damit ich ein besonders »gutes Geschäft« gemacht habe, dann kann ich mir im stillen die Hände reiben, denn ich habe mehr erhalten, als ich gegeben habe, also bin ich besonders clever – mein Ego fühlt sich geschmeichelt und gestärkt.

Wir wachsen als Kinder in einer Atmosphäre dieses Geschäftsdenkens auf. Schon die Eltern verlangen »Liebesdienste«, sie geben Zuneigung für Bravheit, und sie vergeben Strafen, wenn das Geschäft in ihrem Sinne nicht zustande gekommen ist. Wir lernen sehr früh, daß wir für alles, was wir geben, etwas fordern können, weil andere etwas fordern, wenn sie uns etwas geben. Es ist also sehr verständlich, daß die Liebe dem Geschäftsprinzip von Leistung und Gegenleistung unterliegt, dennoch ist dieses Selbstverständliche unser Unglück, weil das Selbstverständliche eben nicht immer das Richtige ist.

Wenn wir Liebe geben, dann beglückt uns unser persönlicher Ausdruck der Zärtlichkeit, weil wir positiv handeln. Sobald wir jedoch auf das Erhalten von Gegenliebe spekulieren, Zuneigung und Zärtlichkeit zurückerwarten, sind wir in die Falle einer falschen Einstellung geraten. Wenn wir für unsere Liebe Gleichgültigkeit oder gar Ablehnung zurückerhalten, sind wir schrecklich enttäuscht und erleben psychischen Schmerz. Der psychische Schmerz eines Liebenden, der verschmäht wird, ist der stärkste psychische Schmerz, den wir erleben können, er trifft uns so heftig, daß die Reaktion darauf Haß, Zerstörung, Depression,

Mord oder Selbstmord sein kann. Das Leben verliert an Sinn, wir fühlen uns niedergeschlagen, nutzlos, wertlos, verstoßen, verlassen, einsam. Diese Gefühle wurden von den meisten Menschen einmal durchlebt. Wer diese Gefühle oft erlebt, wer gar von einer Enttäuschung zur anderen kommt und die eigene Liebe nur selten oder überhaupt nicht erwidert erhält, der entwickelt sich vom Freund und Liebenden des Lebens zum Feind und Hassenden des Lebens. Er zieht sich zurück, vermeidet zu geben, sucht nur noch das Bekommen, ohne zu geben, und wenn auch das nicht gelingt, entwickelt sich eine Neigung, zu zerstören, zu schädigen und zu vernichten.

Zerstörerische Menschen sind zutiefst frustriert in ihrem Bedürfnis, Liebe zu erhalten. Der Schmerz, Liebe nicht zu empfangen, führt zur Lust, anderen zu schaden: Wenn ich schon keine Liebe erhalte, so erhalte ich eine Zuwendung in Form von Angst der anderen vor mir oder eine Befriedigung durch Macht über andere. Destruktion ist Macht über das, was zerstört wird. Wenn ich etwas zerstört habe, war ich mächtiger, war ich »größer und besser«, das ist der fatale Trugschluß. Sadistische Menschen sind zutiefst in ihrem Verlangen nach Liebe enttäuschte Menschen.

Wie kann man dem Weg in Zerstörung und Sadismus entgehen, wenn man Liebe gibt und keine Liebe zurückerhält? Wir müssen unsere Einstellung zur Liebe radikal verändern. Wir dürfen in der Liebe nicht das kommerzielle Prinzip von Geben und Bekommen anwenden. Was bedeutet das in der Praxis? Wir müssen den Mitmenschen so lieben, wie er ist, wir müssen ihn akzeptieren wie ein Tier, eine Blume, einen Schmetterling, einen Adler am Himmel. Gegenüber dem Tier ist das leicht, gegenüber dem Mitmenschen fällt uns das überaus schwer.

Liebe zu geben ist befriedigend und erzeugt das Gefühl von Glück und Sinn, auch wenn wir keine Gegenliebe zurückerhalten. Das ist das Geheimnis der reifen Liebesfähigkeit. Diese Erkenntnis hat uns niemand vermittelt, davon sprechen nicht unsere Eltern, nicht die Lehrer, nicht unsere Freunde, das lesen wir in keiner Zeitung und hören wir in keinem Fernsehkommentar. Woher sollen wir es also wissen? Wir können es nicht »wissen«, weil es uns niemand vermittelt hat. Wir müssen uns auf uns selbst besinnen. Wir dürfen nicht darauf warten, bis uns jemand etwas sagt, wir müssen es selbst herausfinden. Meine Aufgabe besteht darin, den Leser zu ermuntern, ihm Mut zu machen, Erkenntnisse selbst herauszufinden.

Warum fragen wir immer nach der Gegenliebe des anderen? Können Sie erspüren, wie falsch das ist? Wer nicht nach Gegenliebe fragt, der wird Liebesverlust und den psychischen Schmerz nicht mehr erleben, nicht weil er hartherzig geworden ist und seine Gefühle einkapselt, sondern weil er die Erwartung der Gegenliebe aufgibt. Wenn jede Erwartung aufhört, kann die Liebe frei und ungehemmt fließen.

Die Liebe will sich einfach nur ausdrücken, sie will Zärtlichkeit und Zuwendung geben – darin allein besteht das Glück. Nun werden viele einwenden: Wenn ich immer nur gebe, ist das auf die Dauer unbefriedigend. – Warum soll das unbefriedigend sein? Ist das nicht ein falsches Denken? Liebesfähigkeit ist die Fähigkeit, Liebe zu geben, ohne vom anderen etwas zu erwarten. Wenn ich ein Defizit an Zuwendung zu meiner Person erlebe, dann zeigt das doch nur, daß ich zu große Erwartungen habe. Je höher meine Erwartungen sind, um so depressiver reagiere ich auf fehlende Zuwendung.

Ich muß erkennen, daß ich auf dieser Welt bin, ohne an andere Lebewesen Erwartungen zu stellen, so wie die anderen gleichfalls nicht auf der Welt sind, um an mich Erwartungen zu stellen. Wir begegnen uns zufällig als freie Wesen der Natur, und wir sollten uns aus der Ferne mit Respekt und Achtung lieben, wir sollten glücklich sein über unser Glück der Zuneigung. Jeder kann dem anderen nur die Existenz seiner Einmaligkeit und Unnahbarkeit geben. Wir sollten Liebe geben, ohne etwas zu erwarten, nur dann sind wir offen für die ganze Schönheit, für das Glück ohne Einschränkungen, und wir können akzeptieren: Du bist frei, ich bin frei, laßt uns diese Freiheit genießen. In dieser Freiheit liegt die ganze Schönheit des Lebendigen.

Enttäuschte Erwartung ist die Ursache seelischer Störungen

Lieben zu können, im Sinne der beschriebenen reifen Liebesfähigkeit, ist ein Zeichen für psychische Gesundheit. Wenn die Liebesfähigkeit gestört ist, ist damit zwangsläufig die psychische Gesundheit gestört. Die Liebe zum Leben, zu sich selbst, den anderen, zur Natur und zum Kosmos ist die natürliche, gesunde und beglückende Seinsweise des Menschen. Diese Liebesfähigkeit ist eine Anlage, die jeder Mensch bei der Geburt mitbringt. Die Verhaltensbeobachtung in den verschiedenen menschlichen Kulturen und Zivilisationen zeigt, daß diese Anlage in ihrem Wachstum oft blockiert wird und nicht zur vollen Ausreifung gelangt.

Enttäuschte Liebe ist die Ursache für seelisches Leid, für Bitterkeit, Schmerz, Erstarrung, Depression und psychische Störungen aller Art. Die Liebe des Kindes zu Eltern und Lehrern wird enttäuscht, wenn die »Autoritäten«, von deren positiver Zuwendung das Kind abhängig ist, lieblos und ungerecht reagieren und handeln. Diese Enttäuschung führt zu einer Blockierung des freien Energieflusses, und es werden besonders hohe Erwartungen aufgebaut, gerade weil die normale Entfaltung nicht ermöglicht wird.

Liebe und Zuneigung von anderen sollte etwas sein, das nicht zu einem Erwartungsproblem wird, weil es sich zwanglos und natürlich täglich neu von selbst ergibt. Geschieht dieser natürliche Austausch von Liebe jedoch nicht, dann beginnt das Kind sowohl auf die eigene Liebe wie auch die Gegenliebe der anderen zu achten. Es entwickelt der Gegenliebe gegenüber eine Erwartungshaltung. Die Erwartung von Liebe geschieht aus Enttäuschung und aus Mißtrauen. Die Befürchtung, daß das eigentlich Selbstverständliche nicht eintreten könnte, baut Erwartungsspannung auf.

Wer Gegenliebe erwartet, ist in seinem Energiefluß, in der spontanen Entfaltung, nicht mehr frei. Die Erwartung produziert die Angst davor, daß das Erwartete ausbleiben könnte. Die Enttäuschung (Frustration) über das Ausbleiben führt zu den unterschiedlichsten seelischen Folgeprozessen, zu Fluchtreaktionen und den in meinem Buch »Lassen Sie der Seele Flügel wachsen« beschriebenen Abwehrmechanismen.

Der Erwachsene in den westlichen Zivilisationen hat ein System der verschiedensten seelischen Abwehrmechanismen aufgebaut, ein so kompliziertes System, in dem er sich selbst nicht mehr auskennt, das ihm nur noch mit Hilfe des psychotherapeutischen Gesprächs bewußtgemacht werden kann.

Betrachten wir erneut den Ausgangspunkt aller seelischen Abwehrreaktionen, die Erwartung. Wenn wir die Erwartung in ihrer Bedeutung erkennen, müssen wir uns klarmachen, daß in Zukunft Hilfe und Heilung davon ausgehen, daß wir uns in jeder Situation dieser Erwartung bewußt werden und hier den Hebel ansetzen.

Die Erwartung kann graduelle Stärkegrade haben. Wenn ich einem anderen Menschen begegne, kann ich erwarten, daß er mich sympathisch findet und meine Person akzeptiert, das wäre eine Erwartung leichten Grades, die jeder nachvollziehen kann und als »normal« empfindet. Ich kann aber auch die Erwartung haben, daß mich der andere besonders wertschätzt, daß er mich liebt, mich bewundert und von großen Gefühlen der Zuneigung bewegt wird. Ich kann in meiner Erwartung noch weiter gehen: Ich kann erwarten, daß er mich verehrt, mir zu Füßen liegt, mir vor Wertschätzung und Zuneigung »hörig« ist, mich völlig hingerissen und kritiklos hofiert, zu Wachs in meiner Hand wird. Dieses letztere Extrembeispiel der Erwartung von Zuwendung (Energie) kommt uns suspekt und vielleicht krankhaft vor. Es ist krankhaft.

Mit dieser graduellen Abstufung der Erwartung von Zuneigung versuche ich bewußtzumachen, welchen Einfluß die Erwartungshaltung auf uns ausübt. Nun hoffe ich auf die Erkenntnisbereitschaft: Wir sollten an andere überhaupt keine Erwartung knüpfen. Jede Art von Erwartung, auch die »kleine Erwartung«, ist schädlich für unsere Beziehung zu den Mitmenschen, für den Zustand unserer Seele.

Wir sollten unseren Mitmenschen ohne jede Erwartung gegenübertreten, die anderen sollten nichts von uns erwarten, und wir sollten nichts von ihnen erwarten. Auch die kleinste Erwartung ist bereits schädlich für meine Offenheit und den Austausch von Gefühlen. Wir sollten die anderen so nehmen, »wie sie sind, und niemals von ihnen erwarten, daß sie werden, wie sie sein sollten«. Sobald wir erwarten, wie jemand sich uns gegenüber verhalten sollte, vergewaltigen wir uns selbst und die Realität.

Wenn wir keine Zuneigung von anderen erwarten, aber selbst dennoch Zuneigung geben können, dann erst sind wir psychisch frei, ungehemmt und unblockiert, erst dann kann sich Realität und Wahrheit ereignen. »Diese Freiheit von Erwartungen zu erreichen, ist schwer«, höre ich viele immer wieder sagen. Warum? Weil wir uns immer wieder an unsere Erwartungen klammern, weil wir nicht konsequent die Wirklichkeit so sehen wollen, wie sie ist. Es gehört Mut dazu, den anderen so zu betrachten, wie er ist. Wir können diesen Mut aufbringen, wenn es uns wirklich ernst damit ist, psychisch frei zu werden und unsere Liebesfähigkeit zu entfalten.

Wirklich lieben kann nur der, der von anderen keine Gegenliebe erwartet, der um der Liebe willen liebt und deshalb nichts fordert. »Das ist schwer«, höre ich wieder. Ist es wirklich so schwer, Vertrauen in sich selbst zu haben? Wenn ich zum erstenmal auf Skiern stehe, dann erscheint es mir schwer, einen kleinen Hügel herunterzufahren. Aber macht es nicht Freude, langsam zu lernen, die ersten Ängste zu überwinden durch Mut, Vertrauen und Lernen und erneuten Mut, Vertrauen und Lernen?

Im seelischen Bereich glauben wir, daß wir nicht mehr lernen müßten, daß wir alles schon könnten, nur weil wir 20, 30, 50 oder 60 Jahre alt sind. Wir müssen wie Anfänger lernen, daß Erwartungen uns blockieren. Wir müssen uns immer wieder bewußtmachen, daß uns jede Erwartung schadet und in der Entfaltung unserer Lebendigkeit behindert.

Wir müssen erste Schritte machen, uns in das tägliche Abenteuer »Liebe« ohne die kleinste Erwartung zu stürzen. Wir werden feststellen, daß wir ohne Erwartungen mit Vertrauen leben können, daß uns nichts geschieht, daß wir liebend auch ohne Gegenliebe nicht untergehen.

Freiheit ist der Mut, die Wahrheit ohne Erwartungen zu sehen, das zu sehen, was wirklich ist, nicht das, was man gerne sehen möchte. Dieses Erlebnis erzeugt ein großes Glücksgefühl, ein Vertrauen zu sich selbst, das nicht auf den schwachen Beinen einer Selbsttäuschung steht.

Das Aufgeben *aller* Erwartungen (nicht nur bezüglich der Liebe und Zuneigung) ist keine Resignation. Es ist völlige Offenheit, Klarheit, Frische, Vitalität, Freiheit und Lebendigkeit.

Die Kräfte des Lebendigen beginnen sich zu entfalten, und es besteht kein Zustand von Schwäche oder Niedergeschlagenheit, sondern von Stärke, Energie und Freude.

Enttäuschte Liebe führt zur seelischen Erstarrung

Enttäuschte Liebe ist enttäuschte Erwartung. Wenn keine Erwartungen bestehen, kann keine Enttäuschung eintreten. Oft wird mir in Gesprächen gesagt: »Wenn ich keine Erwartungen habe, dann bin ich tot.« Das ist richtig, alles Erwarten hört mit dem Tod auf. Aber daraus zu schließen, Erwartungen zu haben sei höchste Lebendigkeit, ist falsch. Das Gegenteil ist der Fall. Erwartungen sind die Ursache für unser seelisches Elend, für Unzufriedenheit, Angst, Nervosität und fehlenden Kontakt zur Wirklichkeit.

Wenn keine Erwartungen bestehen, herrscht Lebendigkeit, Wachheit, Aufgeschlossenheit und Wandlung. Wenn ich mich auf Erwartungen einlasse, bin ich an diese Erwartungen gebunden, denn ich prüfe die Realität immer danach, ob die Erwartungen eintreffen; wenn sie sich nicht erfüllen, fühle ich mich unwohl. Wenn mein Kopf voller Erwartungen ist, kann ich die Realität nicht unvoreingenommen sehen.

Erwartungen legen mich auf ein seelisches Schema fest. Wenn die Erwartung eintrifft, bin ich glücklich, wenn sie nicht eintrifft, bin ich enttäuscht. So bin ich in meinem seelischen Bewußtsein abhängig von der Erwartung. Die Erwartung schränkt die offene Erlebnisfähigkeit ein, ich bin fixiert und erstarre seelisch auf die simple Reaktion, zu überprüfen, ob die Erwartungen und in welchem Grade sie eintreffen. Um Erwartungsfixierungen dreht sich das Leben der meisten Menschen, sie sind gefangen in ihrem individuellen Erwartungsmodell, das in vielen

Teilen ein gesellschafts- und klassenspezifisches Erwartungsmodell ist.

Je stärker ich mich an meine Erwartungen klammere, um so unflexibler bin ich in meiner Fähigkeit, das wahrzunehmen, was außerhalb meines Erwartungshorizontes geschieht. Ich werde mehr und mehr unfähig, das Neue, das Außergewöhnliche, das Alltägliche mit unvoreingenommenen Augen frisch zu sehen. Im Gefängnis meiner Erwartungen erstarre ich, hier lauert langsames Sterben, nicht in der Abwesenheit von Erwartungen.

Keine Erwartungen zu haben heißt auch, keine Hoffnung zu pflegen. Damit meine ich nicht Hoffnungslosigkeit im Sinne einer depressiv-pessimistischen Haltung: »Ich habe keine Hoffnung mehr, daß mein Leben Sinn hat. Ich bin desillusionisiert.« Keine Hoffnungen und Erwartungen zu haben hat nichts mit Depression oder Pessimismus zu tun. Es heißt, unabhängig sein von Hoffnungen.

Wenn ich offen bin, sensitiv, lebendig und liebend in meiner Haltung dem Leben gegenüber, dann bin ich frei von Hoffnungen. Das lebendige Aufgehen im Augenblick bedarf keiner Hoffnungen, denn es herrscht absolutes Vertrauen in die Wirklichkeit. Dieses Vertrauen hat nichts mit naiver Vertrauensseligkeit zu tun.

Vertrauen ohne Hoffnungen und Erwartungen ist kein naives Vertrauen in Erwartung, daß »schon alles gutgehen wird«. Das Vertrauen in den Augenblick, ohne Hoffnungen und Erwartungen, macht die Liebe und das Erleben möglich. Dieser Seinszustand vermittelt Glückseligkeit. Es bedarf hierzu keiner Hoffnungen und Erwartungen, die Abwesenheit dieser beiden Denkkonstruktionen macht die Sensitivität in ihrer reinen Form möglich. Ihre Abwesenheit macht die Sinne und das Erleben frei, die Gegenwart kann sich entfalten, sie strömt in mich ein ohne einen Filter. Ich empfinde Liebe und drücke Liebe durch Zärtlichkeit und Zuwendung aus, ohne mich durch Erwartungen zu kontrollieren oder zu blockieren. Alles, was in Liebe geschieht, ist gut.

Das Ausbleiben der Gegenliebe der anderen kann mich nicht frustrieren, wenn ich Gegenliebe nicht erwarte, wenn ich nichts erhoffe. Das Ego ist zur Ruhe gekommen, alles Streben nach Ichstärkung hat ein Ende. In diesem Moment bin ich erleuchtet und frei, die Lebensenergie kann strömen, ohne daß ich ein Geschäft aus dieser Strömung zu machen versuche. In diesem Moment herrscht höchste Zufriedenheit und Weisheit.

Ein höheres Ausmaß an seelischer Gesundheit kann niemand erreichen.

III. Teil:

In der Kunst zu lieben liegt der Sinn des Lebens

7.

AUS DER PRAXIS DES PSYCHOLOGEN

»Man stelle sich vor, welch wunderbare Fortschritte auf einen Schlag erzielt würden, wenn absolute Wahrhaftigkeit unter den Menschen herrschte! Mit welcher Schnelligkeit würde unsere Erde ein Paradies werden!«
AUGUSTE RODIN

In der Praxis des Psychologen werden in der Regel keine Geisteskrankheiten wie Schizophrenie, Epilepsie, Halluzinationen oder paranoide Wahnvorstellungen behandelt. Für das Gebiet der Geisteskrankheiten sind die Neurologen und Psychiater zuständig. Einen Psychologen suchen »normale« Personen auf, die sich in keiner Weise geisteskrank fühlen, die aber spüren, daß sie mit ihren seelischen Problemen nicht zurechtkommen. Sie spüren, daß »etwas nicht stimmt«, daß sie berufliche Schwierigkeiten haben, sich unausgeglichen fühlen, Partnerprobleme haben, unter Ängsten leiden, oft depressiv verstimmt sind, sich nur schwer konzentrieren können; sie fühlen sich nicht krank, aber auch nicht gesund. Sie erwarten im Gespräch mit dem Psychologen Aufklärung über ihre Situation, und sie hoffen darauf, nach der Beratung mit sich selbst, den Mitmenschen, mit ihrem Leben besser »fertig zu werden«.

Die Beratung besteht darin, den Ratsuchenden mehr Klarheit

über ihre Situation zu verschaffen. Ganz grob und allgemein formuliert, geht es darum, die Bereitschaft zu fördern, die Wahrheit zu erkennen. Wenn es gelingt, die Wahrheit zu sehen, Bewußtheit, Wachheit und Klarheit zu erzielen, bedeutet das große Hilfe und Erleichterung.

Ich werde nun einige Gespräche mit Ratsuchenden veröffentlichen, die von allgemeiner Bedeutung sind und erkennen lassen, daß sich seelische Probleme um Fragen der »Lebensphilosophie« drehen. Eine falsche Erkenntnis kann großes seelisches Leid verursachen, während die richtige Erkenntnis heilend und befreiend wirkt.

Der Psychologe unterliegt selbstverständlich der Schweigepflicht, und er darf Fälle aus seiner Praxis nicht veröffentlichen. Es wird deshalb auf konkrete Angaben über die Personen verzichtet, und die Gesprächsausschnitte beschränken sich auf Teile, die von allgemeiner Bedeutung sind, so daß die Identifizierung einer individuellen Person nicht möglich ist und die Vertraulichkeit gewahrt bleibt. Sämtliche Vornamen sind selbstverständlich geändert.

»Ich brauche Alkohol, um mich frei zu fühlen.«

Gespräch mit Jörg, 35 Jahre, geschieden, von Beruf Betriebswirt

Jörg: »Ich fühle mich in meiner Haut seit Jahren nicht mehr wohl. Ich spüre, daß mit mir etwas nicht in Ordnung ist, aber ich weiß nicht, was und warum. Ich bin unzufrieden und weiß nicht, wie ich es ändern soll.«

»Wann warst du in deinem bisherigen Leben wirklich zufrieden?«

Jörg: »In der Kindheit gab es Phasen, in denen ich glücklich war. Es gab solche Phasen mit siebzehn oder achtzehn, wenn ich mit Freunden im Café saß, wenn wir uns unterhielten. Damals konnte ich noch wirklich herzlich lachen – das kann ich heute nur noch sehr selten. Heute ist alles ernster und dunkler. Ich glaube, daß ich als jüngerer Mensch glücklicher war als heute mit meinen 35 Jahren.«

»Überlege dir einmal, warum du damals glücklicher warst.«

Jörg: »Ich war glücklicher, weil ich spontaner war, weil ich nicht alles überlegt habe, weil ich mehr im Augenblick lebte. Heute ist alles schematisiert und kontrolliert. Wenn ich Alkohol trinke, dann kommt diese Unbefangenheit und Leichtigkeit wieder zurück, dann fühle ich mich freier und gelockerter. Aber ich trinke dann immer weiter, bis ich völlig betrunken bin. Wenn ich betrunken bin, werde ich müde, und am anderen Tag bin ich depressiv. Wenn ich zu trinken beginne, kann ich mich leichter verlieben, dann bin ich freundlich, aufgeschlossen und mache Komplimente, dann kann ich die Menschen lieben. Wenn ich nüchtern bin, habe ich Angst vor den Menschen, dann fühle ich mich fremd, und alles kommt mir schwieriger vor. Woran liegt das?«

»Du trinkst, um dich freier zu fühlen, um dich zu lösen. Das Gefühl der Freiheit ist ein positives Gefühl. Freiheit macht glücklich, weil du offen bist. Unfreiheit macht traurig und ängstlich, weil du geschlossen bist, Enge umgibt dich, Enge deines Denkens. Der Alkohol löst einen psychischen Prozeß über chemische Vorgänge aus. Du bist näher bei dir und der Realität. Wenn du nüchtern bist, dann bist du entfernter von dir und der Realität. Es wäre gut, wenn du näher bei dir sein könntest und der Realität – ohne Alkohol, auch in nüchternem Zustand. Du strebst nach Glück und Freiheit, aber du brauchst einen chemischen Prozeß, um dich so zu fühlen, wie sich ein psychisch gesunder Mensch ohne Alkohol fühlt. Du brauchst die Droge, um Freiheit zu fühlen, die auch ohne Droge zu haben ist. Du bist zugedeckt mit Ballast, du willst dich davon befreien, und du brauchst dazu den chemischen Prozeß. Besser wäre es ohne Alkohol. Warum geht es nicht ohne?«

Jörg: »Ich bin belastet, das ist richtig. Mich belastet der Alltag, die Pflichterfüllung, die Regeln, der Schematismus. Ich möchte raus aus diesem täglichen Kampf. Ich fühle einen Widerspruch zwischen dem, wie ich mich im Beruf fühle und wie ich mich privat fühle. Ich strebe nach Erfolg und nach Anerkennung, aber es macht mich krank. Wenn ich nicht strebe, fühle ich mich wohler.«

»Das Streben macht dich krank. Es sind die Erwartungen, die du an dich selbst stellst. Wenn du dich davon löst, wenn du trinkst, dann fühlst du dich freier. Wie ist das mit der Liebe? Du sagtest, daß du in Gelöstheit mehr Liebe geben kannst.«

Jörg: »Ich bin liebesfähig, wenn ich mich frei fühle. Im Alltag schrumpft meine Liebe auf etwas Kleines und Unbedeutendes zusammen. Darüber bin ich unglücklich. Ich bin eifersüchtig und kleinlich, ich habe Angst, nicht geliebt zu werden, und möchte meine Partnerin besitzen, reagiere jedoch allergisch, wenn sie mich besitzen will, wenn ich meine eigene Freiheit eingeschränkt fühle.«

»Deine Eifersucht kommt aus dem Wunsch zu besitzen. Du selbst willst nicht in Besitz genommen werden, weil die Freiheit für dich psychisch wichtig ist. Das Gefühl von Freiheit macht dich glücklich, es eröffnet Weite und Schönheit. Besitz heißt Macht über etwas. Du willst Macht über andere, aber willst nicht, daß andere Macht über dich haben. Versuche, keine Macht über andere auszuüben, tu anderen nicht an, was du nicht willst, daß man es dir antut.

Du suchst persönliche Freiheit, dann laß auch andere frei. Du willst, daß man dich nicht einsperrt, dann sperr auch die anderen nicht ein. Du hast mir erzählt, daß du sehr eifersüchtig bist, aber eifersüchtige Frauen nicht ausstehen kannst. Du kannst dieses Problem sofort beenden, wenn dir klar wird, daß dich niemand besitzen soll, damit du frei und glücklich bist, also darfst du auch den anderen nicht besitzen wollen, damit er sich frei und glücklich fühlt.

Die Liebe geschieht in Freiheit, ohne jede Erwartung an den anderen, auch ohne Erwartung, etwas für die eigene Liebe zu bekommen, nämlich Gegenliebe. Die Liebe ist kein Geschäft. Die Liebe ist ein Ausdruck des Lebensglücks. Lieben ist eine Aktivität. Lieben heißt geben, heißt fühlen, sich entfalten, sensitiv im Augenblick aufgehen ohne chemischen Prozeß, ohne Alkohol.

Alkohol hat die Aufgabe, Angst zu dämpfen. Alkohol hat nicht nur eine befreiende, sondern auch eine narkotisierende Wirkung. Du dämpfst die Angst vor psychischem Schmerz, du bist dann unempfindlicher und kannst enttäuschte Erwartungen besser ertragen. Baue deine Erwartungen ab, und du brauchst keinen Alkohol mehr, um dich gegenüber Enttäuschungen zu stärken – unempfindlicher zu machen.

Wenn die Erwartungen weg sind, fällt auch die Enttäuschung weg. Du bist voller Erwartungen: Erfolg im Beruf, in der Liebe, im Leben. Du willst auf jedem Gebiet Erfolg haben, das ist eine Belastung, die sich dunkel und schwer über dich legt. Wenn du alle diese Erwartungen über Bord wirfst, dann fühlst du dich frei und wohl.«

Jörg: »Ich fühle mich schon leichter bei diesem Gedanken. Aber ich weiß nicht, ob ich diesen Gedanken festhalten kann.«

»Denke immer daran. Mach es dir immer wieder klar. Lerne diesen Gedanken festzuhalten, beschäftige dich damit, laß ihn auf dich wirken, lebe damit, verliere ihn nicht aus den Augen. Die Wahrheit geht im Alltag schnell unter, sie verdunstet, und die alten Schreckgespenster falschen Denkens kommen zurück. Halte den Gedanken fest. Bringe das Licht dieses Gedankens immer wieder in die Finsternis.«

Angst vor dem Gefühl, zu lieben

Gespräch mit Doris, 28 Jahre, unverheiratet, von Beruf Sachbearbeiterin

Doris: »Ich glaube, ich bin nicht liebesfähig, ich kann mich nicht verlieben, ich möchte, aber ich kann nicht.«
»Du kannst, das Können ist da, aber du hast Angst davor, du hast Angst vor tiefen Gefühlen, du blockierst dich selbst.«
Doris: »Ich will mich nicht blockieren, es geschieht automatisch. Es ist nicht so, daß ich keine Gefühle hätte. Ich liebe meinen Hund, ich spiele mit ihm und empfinde hierbei starke Gefühle der Zuneigung. Aber mein Kontakt zu Menschen ist sachlich, eher kämpferisch. Ich wehre mich gegen die anderen, denn ich kann ihnen nicht vertrauen. Ich wurde schon oft enttäuscht.«
»Enttäuschung ist auch ein Gefühl, es ist Ärger, Aggression und Trauer.«
Doris: »Ich empfinde oft Ärger, und ich bin auch aggressiv. Ich möchte andere verletzen, dabei empfinde ich zunächst ein Gefühl der Genugtuung, aber später dann ein Gefühl von Trauer, weil kein befriedigender Kontakt zustande gekommen ist.«
»Du wünschst einen positiven Kontakt der Zuneigung, aber du belauerst die Reaktionen der anderen, weil du nicht frei und offen bist. Es gelingt dir nicht, dich ganz unbefangen und rückhaltlos in das Abenteuer ›Kontakt‹ zu stürzen. Du beobachtest dich und die Reaktionen der anderen mit Mißtrauen. Zu beobachten und alles wahrzunehmen ist gut, aber das Mißtrauen im Hintergrund, das überall einfließt, das ist schlecht. Kannst du den Sonnenschein auf deiner Haut genießen?«
Doris: »Ich komme mir manchmal hölzern und steif vor. Ich bin sachlich und kann mich Gefühlen nur selten hingeben – dann allerdings bin ich glücklich. Aber es geschieht sehr selten.«

»Du lebst vorwiegend mit deinem Kopf, alles läuft über den Verstand, alles wird von dort kontrolliert und bewertet, alles muß einen Sinn haben. Die Sonnenstrahlen auf der Haut zu spüren hat für dich wenig Sinn.«

Doris: »Warum soll ich die Sonnenstrahlen fühlen, wenn andere Dinge viel wichtiger sind? Ich will ein sinnvolles Leben leben.«

»Fühle erst die Sonnenstrahlen, sei glücklich über deine Empfindungen, fühle zuerst den Wind auf deiner Haut und gehe auf in diesen sinnlichen Wahrnehmungen. Das ist die Grundvoraussetzung, dich selbst kennenzulernen. Die Basis sind die Sinne, nicht der Verstand ist die Grundlage des lebendigen Erlebens. Öffne deine Sinne und hab Vertrauen zu dem, was geschieht. Du solltest erst sensitiv sein und diese Erfahrung machen, du solltest erspüren, daß die Offenheit gegenüber den Sonnenstrahlen und dem Wind dich näher zu dir selbst bringt – einen anderen Sinn gibt es nicht. Auch gegenüber Menschen solltest du offen sein, laß sie auf dich wirken, erfasse sie mit deinen Sinnen, und du wirst spüren, daß sich Liebe entwickelt, ohne daß du sonst etwas dazutun mußt. Der Verstand muß schweigen, damit die Liebe sich entfalten kann.«

Doris: »Das sind für mich nur schöne Worte. Die Realität ist anders; wenn ich mir die Männer genau ansehe, kommen sie mir alle wie Nazis vor. Männer sind nicht offen, sie sind kalt, bewußt, auf ihren Vorteil bedacht, sie sind nicht liebevoll, sie sind laut, angeberisch, aufgebläht, gewalttätig – sie sind Nazis. Das männliche Gehabe macht mir Angst.«

»Du siehst die Wirklichkeit nicht mit liebenden Augen, sondern mit überkritischen Augen, denn deine Wahrnehmung ist verzerrt.«

Doris: »Ich kann es nur so sehen. Meine Beobachtungen bestätigen sich immer wieder.«

»Bestätigen sie sich vielleicht, weil dein Verhalten, deine Reaktion danach ist? Würdest du mit liebenden Augen sehen, würden die Männer das spüren und sich nicht so geltungsstrebend vor dir aufblähen. Sie spüren deine Skepsis, und sie verfallen dann in ein männliches Imponiergehabe, um vor dir bestehen zu können. Weil du Angst vor ihnen hast, deshalb haben sie Angst vor dir, und sie überspielen ihre Angst mit einem Verhalten, das dich an das Imponiergehabe der Nazis erinnert.«

Doris: »Es mag was Wahres dran sein. Aber Männer sind so, und daß sie so sind, egal warum, das macht mich skeptisch. Ich kann zu ihnen kein Vertrauen haben.«

»Was kann dir schon passieren, wenn du Vertrauen hast? Du kommst nicht darum herum. Du sträubst dich dagegen, zu lieben. Warum verurteilst du die Fehler der anderen? Das sind ihre Fehler und nicht deine. Wenn du anderen mit ihren Fehlern liebend gegenübertrittst, was soll dir dann geschehen? Wenn du dich echt, spontan und offen verhältst – ich meine damit nicht naiv –, was soll dir geschehen? Deine Offenheit, Sensitivität und Liebe wird niemals Haß oder Zerstörungslust erzeugen. Vertrauen erzeugt Vertrauen, Mißtrauen erzeugt Mißtrauen.

Du hast nur eine Chance in deinem Leben – das Leben und die Menschen zu lieben. Es gibt keinen anderen Weg zum Glück. Wenn du dich dagegen sträubst, diese Erkenntnis zu finden, dann wird dein Leben unglücklich.

Es gibt keine Alternative zum Glück – es gibt nur den einen Weg zur psychischen Gesundheit; gut, es ist kein einfacher Weg, aber alle anderen Wege sind Sackgassen, die dich in noch mehr Schwierigkeiten stürzen. Es gibt nur den Weg des Vertrauens und der Öffnung für die Liebe. Denke darüber nach. – Zeige mir einen anderen Weg; alle anderen Wege sind Sackgassen. Eine Sackgasse erscheint zunächst vielleicht bequemer und sicherer. Aber was hast du von der Bequemlichkeit, wenn dir die Liebe fehlt? Was hast du von der Sicherheit, wenn sich nichts ereignet. Was hast du von Mißtrauen, wenn sich dir gegenüber mehr Menschen, als nötig wäre, verschließen? Was hast du von der Sachlichkeit und Verstandeskontrolle, wenn du emotional versteinerst? Es gibt nur den Weg der Liebe, auch wenn du tausend Einwände vorbringst, die ›vernünftig‹ klingen. Nur ein Ängstlicher, der vom Leben nichts weiß, der sich bereits eingekapselt hat und bereits langsam innerlich abstirbt, wird dir zustimmen. Ich kann dir niemals recht geben. Denk darüber nach, und dann reden wir wieder darüber.«

Wie entsteht Liebe?

Gespräch mit Hans, 32 Jahre, geschieden, freiberuflicher Unternehmer

Hans: »Ich möchte psychologischen Rat einholen, wie man es richtig anstellt, sich einem Partner zu nähern, wenn man ihn mag und es darauf anlegt, daß sich der andere in mich verliebt.«
»Du erwartest Tips und Ratschläge von mir, Strategien aus der Trickkiste des Psychologen: So mache ich psychologisch eine Frau in mich verliebt!«
Hans: »Ja, genau das hätte ich gerne gewußt, natürlich auf mich speziell zugeschnitten.«
»Solche Ratschläge kann ich dir nicht geben. Ich möchte mich aber zu dem Thema in allgemeiner Weise äußern. In der Liebe kommt es zunächst einmal darauf an, daß du Liebe zu einem anderen Menschen empfindest. Wenn du liebst, wirklich liebst, dann stellt sich das Problem ganz anders dar. Zunächst bist du glücklich über deine Liebe, es tut dir wohl zu lieben, es ist ein schönes Erlebnis für dich, das dich entspannt und glücklich macht.

Die Frage nach der Gegenliebe kommt erst hinterher. Du kannst natürlich auch nicht lieben und trotzdem versuchen, den anderen in dich verliebt zu machen; das wäre eine ganz bewußte Strategie, von möglichst vielen geliebt zu werden, Liebe zu bekommen, ohne Liebe zu geben, höchstens Komplimente und vordergründigen Charme. Ich unterstelle, daß dies nicht dein Anliegen ist, daß es dir nicht um bloße Selbstbestätigung geht, sondern um Liebe.

Zurück zum Ausgangspunkt, du empfindest also Liebe zu einem Menschen, und du willst, daß er dich auch liebt. Dieses Ziel strebst du an. Dieses Streben kommt aus dem Verstand – wie alles Streben. Sobald du strebst, erwartest oder hoffst, schadest du dir selbst.«

Hans: »Das verstehe ich nicht. Es ist doch ganz natürlich, daß ich auf Gegenliebe hoffe, daß ich Gegenliebe erringen will.«

»Erringen? Wo ein Ringen ist, ist Kampf, und wo der Kampf beginnt, beginnt das Leid. Warum willst du ihre Liebe erringen? Warum immer dieses Wollen, Planen, Streben und Erwarten?

Habe Vertrauen und distanziere dich von deinem Wollen und Streben. Laß den Dingen ihren Lauf. Suche nicht, sondern finde. Wollen und Suchen lenken dich ab von der Liebe, das Finden ist schöner, du wirst nicht eingeschränkt.

Wenn du liebst, dann zeige deine Liebe, handle aus deiner Liebe heraus, aber immer nur in Liebe, ohne Erwartung auf Gegenliebe. Darin liegt das Geheimnis der reifen Liebe, die allein glücklich macht. Liebe kann sich nur in Zwanglosigkeit und Freiheit entfalten. Wenn du die Liebe des anderen erringen willst, dann begehst du im Eifer des Wollens den Fehler, den anderen zu bestimmen, Einfluß und Macht auf ihn auszuüben. So kann sich nicht die Glückseligkeit einer gegenseitigen Liebe ergeben, so entsteht nur eine Beziehung, wenn du Glück hast.«

Hans: »Ich kann doch den Dingen nicht einfach ihren Lauf lassen, das verstehe ich nicht. Dann überlasse ich doch alles mehr oder weniger dem Zufall.«

»Liebe ist Zufall. Liebe fällt dir zu, du kannst sie nicht erzwingen oder mit Ehrgeiz und Taktik erwerben, wie man ein Geschäft macht. Das geschäftliche Denken muß in der Liebe ein Ende haben. Liebe ist ein Zufall, sie ist kein geplantes Geschäft. Wenn du das Denken einbeziehst, dann fliegt die Liebe zum Fenster hinaus, und du landest bei einer Beziehung: Ich gebe dir das und du gibst mir das dafür.«

Hans: »Es ist doch aber verständlich, daß ich versuche, die Liebe des Menschen zu gewinnen, den ich liebe.«

»Es ist verständlich in den Denkkategorien von Soll und Haben. Aber die Liebe ist ein anderes Phänomen. Sie ist frei und muß frei bleiben, sie ist ein Geschenk, das dir zufällt. Es ist ein Geschenk, wenn du jemand liebst, und es ist ein Geschenk, wenn er dich liebt. Er sollte dich nicht deshalb lieben, weil du ihn liebst, sondern er sollte dich davon unabhängig lieben, damit du wirkliches Glück erfahren kannst. Auf dieses ›davon unabhängig‹ kommt es an. Denke darüber nach, meditiere darüber, laß das, was jetzt gesagt wurde, auf dich einwirken. Erstrebe die Liebe der anderen nicht, liebe selbst, alles andere wird sich finden. Es wird sich ein Mensch finden, der dich liebt und nicht nach deiner Liebe strebt, weil du ihm etwas gibst: Geld, Humor, Komplimente, Unterhaltung, Rat, Hilfe, Kraft, Sicherheit, das ist alles dasselbe. Alle diese Dinge materieller und psychischer Art sind Werte, mit denen wir ein Geschäft machen wollen, mit denen wir Liebe kaufen wollen. Aber Liebe kannst du nicht kaufen, du kannst Komplimente kaufen und Sexualität, aber nicht Liebe. Liebe entsteht spontan, über die Sinne. Niemand kann seine Sensitivität zwingen, auch nicht, wenn du ihm Millionen dafür versprichst, dann erst recht nicht. Sobald das Denken einsetzt, ist die Liebe in höchster Gefahr, und sie wird zu einer bloßen Beziehung. Du wolltest Liebe und stehst verdutzt mit einer Beziehung da, mit leeren Händen, mit leeren Sinnen, die Liebe ist verdunstet.«

Hans: »Es widerstrebt mir, so passiv einfach zu warten, ob sich die Liebe des anderen von selbst ereignet.«

»Es widerstrebt dir, weil dein ganzes bisheriges Leben von einer vordergründigen Aktivität geprägt ist. An erster Stelle steht für dich die Aktivität, die aus dem Denken kommt: Um etwas zu erreichen, tu das, tu das und das. In der Liebe kannst du nichts erreichen durch die Strategien des Denkens, so kannst du nur Geschäfte mit einem Menschen machen.

Du sagst ›passiv warten‹: Was heißt passiv sein? Heißt das wirklich: nichts tun? Passiv sein heißt, aufnahmebereit sein und Vertrauen haben. In der Passivität der Liebe, einfach nur zu lieben, liegt höchste Aktivität. Deine Sinne sind wach, du bist in Meditation und Aufmerksamkeit, das Denken allerdings ist zur Ruhe gekommen.

Wir glauben, daß Aktivität nur bestehe, wenn wir denken und planen, wenn wir aus dem Denken heraus handeln. Die seelische Aktivität beginnt da, wo die Denkaktivität aufhört. Du kannst nur wirklich fühlen und erkennen, wenn das Denken schweigt und Zeitlosigkeit des Augenblicks herrscht.

Liebe ist Meditation und höchste Sensitivität. Lieben ist ein Zustand, der dir leider bisher selten zugefallen ist. Du solltest diesen Zustand nicht durch das Denken zerstören, sondern glücklich darüber sein, ohne nach mehr zu streben. Das ist Weisheit. Die Liebe des anderen fällt dir zu, wenn du nicht danach strebst. Sei offen dafür, damit du wahrnimmst, wenn sich die beiden Geschenke zum gleichen Zeitpunkt spontan ergeben, dann hast du den Sinn des Lebens erreicht, und du bist wirklich glücklich, dann ist dein Glück nicht nur die ›Freude‹ über einen ›Erfolg‹.«

Fixierung der Liebe auf einen Menschen

Gespräch mit Renate, 26 Jahre, verwitwet, Hausfrau

Renate: »Ich habe meinen Mann sehr geliebt, wir waren erst zwei Jahre verheiratet, als er bei einem Autounfall ums Leben kam. Das ist nun drei Jahre her, und seit dieser Zeit geht es mir psychisch nicht mehr gut. Ich kann mich nicht mehr freuen, ich bin oft deprimiert und sehe in meinem Leben keinen Sinn mehr.«

»Wenn man den Partner verliert, den man liebt, so erlebt man einen starken psychischen Schmerz. Diese Traurigkeit ist normal, und sie muß durchlebt werden. Damals hast du mich nicht um Rat gefragt. Aber du kommst jetzt, weil du spürst, daß die Trauer nun vorbei sein sollte. Zuerst war für dich die Trauer etwas Selbstverständliches, aber nun beginnt sie, dich zu belasten.«

Renate: »Das Leben macht mir keine Freude mehr, ich fühle mich immer niedergeschlagen, ich freue mich über nichts mehr. Ich kann mich nichts Neuem widmen, ich kann mich nicht mehr verlieben und denke, daß ich nach dieser großen Liebe, die die einzige und große Liebe meines Lebens war, alleine sein werde.«

»Zuerst einmal möchte ich dir sagen, daß es die einzige und endgültige Liebe nicht gibt. Es gibt nur die Liebe in ihrer Schönheit, sie ist nicht exklusiv auf einen einzigen Menschen beschränkt, das ist ein Irrtum des Denkens. Ich möchte nicht die Liebe zu deinem verstorbenen Mann schmälern. Ich glaube dir, daß du ihn sehr geliebt hast. Es wäre schön gewesen, wenn ihr noch weiter zusammen hättet leben können, du kannst jedoch nichts festhalten, niemand kann das, wir leben alle nur eine gewisse Zeit, alles, was wir besitzen, ist vergänglich, und wir selbst sind auch vergänglich. Das soll jetzt kein billiger Trost sein. In der Erkenntnis dieser Vergänglichkeit steckt große Wahrheit und Weisheit, wenn sie dir wirklich bewußt wird. Solange du nur oberflächlich zuhörst, hat sie keinen Einfluß, ist es nur ein einfacher Trost, der von kurzer Dauer ist. Wenn du die Erkenntnis jedoch mit deiner ganzen Erkenntnisfähigkeit in dich aufnimmst, wenn dir die Vergänglichkeit alles Materiellen und Lebendigen wirklich voll und ganz bewußt wird, dann bist du ein anderer Mensch.«

Renate: »Ich glaube, es ist mir nicht voll bewußt, was damit gemeint ist.«

»Die Liebe steht über allem Besitz. Die Liebe ist frei, sie ist nicht an einen Partner gebunden. Wenn du die Liebe an einen Partner knüpfst, bist du von diesem Partner abhängig. Ich will damit sagen, daß du erkennen sollst, daß deine Liebe, deine Liebesfähigkeit frei ist. Du hast einen Partner mit deiner Liebe besetzt, du hast deine Liebe an ihn geknüpft. Der Partner existiert nicht mehr, nur noch in deiner Erinnerung, aber deine Liebesfähigkeit ist noch da, sie ist zur Zeit nur blockiert.«

Renate: »Da ich meinen Mann so liebte, würde ich mir schuldig vorkommen, einen anderen zu lieben. Ich glaube, daß das gar nicht geht.«

»Du hast Schuldbewußtsein, weil du an den Mythos von der ewigen Liebe glaubst, die auch über den Tod hinaus wirksam sein muß, denn sonst wäre sie ja nicht ewig. Du glaubst, daß du jetzt niemanden mehr lieben kannst, du glaubst es, weil man es dir gesagt hat und weil dein Denken dir das bestätigt, es klingt ja so logisch. Das Denken führt dich jedoch in die Sackgasse, in die Depression.

Die seelische Wirklichkeit ist anders. Der Mensch ist auf dieser Welt, um seine Liebesfähigkeit zu entfalten. Wenn dein Partner tot ist, dann kann sich deine Liebesfähigkeit erneut entfalten, ohne daß du deswegen Schuldgefühle haben müßtest. Es ist deine einzige Möglichkeit, zu lieben, weil du dich nur so selbst verwirklichst, es gibt keine andere Alternative. Wenn du dich dagegen sträubst, sträubst du dich gegen das Leben, und deine Lebendigkeit wehrt sich dagegen durch die seelische Störung der Depression. Du gibst seelische Zuwendung der Vergangenheit und bist depressiv, weil du von der Vergangenheit in der Gegenwart keine liebende Zuwendung mehr zu erwarten hast, nie mehr. Du mußt dich also wieder der Gegenwart öffnen. Du solltest die Vergangenheit loslassen und dich ganz dem Augenblick zuwenden, der in jedem Moment neu ist, dann erlebst du wieder Frische und Ursprünglichkeit und Zuwendung aus der Gegenwart. In diesem Moment ist die Depression verschwunden, du wirst es erleben.«

Renate: »Ich kann mich der Gegenwart nicht zuwenden, ich fühle mich wie blockiert.«

»Du hast die Erkenntnis noch nicht für dich persönlich erfahren. Du hast nur auf meine Worte gehört, und die rinnen an dir herunter wie Regen an einem imprägnierten Mantel.

Du mußt die Erkenntnis für dich selbst herausfinden. Ich sage dir, lebe in der Gegenwart, und deine Liebe entfaltet sich wieder. Was macht dir besondere Freude?«

Renate: »Ich male gern, Aquarelle, Landschaftsbilder, weil ich die Stimmungen von Landschaften liebe.«

»Dann male wieder häufiger. Das Malen ist ein Prozeß der Liebe. Dieser Prozeß geschieht in der Gegenwart, du mußt ganz aufmerksam und wach sein, wenn du malst. Du vergißt dich selbst und deine Vergangenheit in diesem Vorgang. Das Malen wird dir helfen, zu erkennen, was ich meine. Alles ist vergänglich und in Wandlung. Du kannst nichts besitzen. Du kannst nur immer wieder in der Gegenwart aufgehen und immer wieder erneut lieben, um dich glücklich zu fühlen.

Wenn dir diese Erkenntnis bewußt ist, dann wird dir auch klar, daß deine Liebe nicht an den verstorbenen Ehemann gebunden ist, sie ist frei und kann sich neuen Menschen in der Gegenwart zuwenden. Du kannst niemanden besitzen, und dich kann auch niemand besitzen, ihr könnt euch nur begegnen und Zärtlichkeit füreinander empfinden, und das nur in dem entsprechenden Augenblick, davor war dieses Gefühl nicht, und ob es wiederkommt in einem späteren Augenblick – du kannst es nicht erzwingen. Die Liebe kommt zwar aus dir, aber du kannst sie nicht beherrschen oder steuern.

Meditiere darüber, wenn du durch Landschaften gehst und wenn du malst. Wir sprechen wieder darüber, wenn du einige Wochen gemalt hast und wenn das heute Gesagte in deine Meditationen Eingang gefunden hat. Du kannst dich daran nicht vorbeimogeln, wenn du deine Depression verlieren willst. Also stelle dich dem Problem. Arbeite daran.

Die Erkenntnis kommt in der Meditation. Mit der Erkenntnis löst sich deine Liebe von der Fixierung, und du atmest wieder frei, ohne Schuldgefühle. Wenn sich die Liebe entfaltet, sind alle Schuldgefühle verflogen.«

»Ich liebe meine Frau nicht mehr.«

Gespräch mit Helmut, 38 Jahre, verheiratet, von Beruf Industriekaufmann

Helmut: »Ich bin fünfzehn Jahre verheiratet und habe meine Frau aus Liebe geheiratet. Schon seit vielen Jahren liebe ich meine Frau nicht mehr, obwohl wir uns selten streiten und sich meine Frau nichts hat zuschulden kommen lassen. Ich sehe keinen richtigen Grund, denn meine Frau ist hübsch, sie hat eine gute Figur, sie hat mich früher sexuell sehr gereizt, aber heute ist dieser Reiz für mich vorbei. Wir haben schon zwei Jahre nicht mehr miteinander geschlafen. Ich bin nicht impotent, aber ich habe einfach keine Lust mehr, mit ihr zu schlafen. Ich verspüre keine Begierde mehr, ich bin gleichgültig – und doch habe ich sie gerne, menschlich gesehen, ich möchte mich eigentlich nicht von ihr scheiden lassen, aber so kann es auch nicht weitergehen, ich bin doch schließlich erst 38. Was soll ich machen?«

»Du schilderst eine Erfahrung, die viele Ehepartner machen – die meisten machen sie. Das ist natürlich kein Trost, sondern nur eine Feststellung. Nun wollen wir untersuchen, woher das kommt. Es ist ein Problem der Sensitivität; ich versuche dir das zu erklären. Als du deine Frau kennenlerntest, waren deine Sinne wach und aufmerksam, du hast deine Partnerin mit allen Sinnen in dich aufgenommen, das Erlebnis war neu, frisch und beglückend.

Nun sind deine Sinne stumpf geworden, nicht nur deiner Frau gegenüber, sondern auch allgemein. Das ist kein Alterungsprozeß im Sinne einer biologischen Alterung. Die Sinne werden nicht mit zunehmendem Alter stumpfer, selbst wenn die Sehkraft nachlassen sollte; damit hat es nichts zu tun, es ist ein psychologisches Problem.

Die Sinne werden durch das Denken stumpf. Du hast eine Beziehung mit deiner Frau aufgebaut, ihr habt gemeinsam einen Haushalt geführt, Kinder erzogen, du hast ein Haus gebaut, nach beruflichem Erfolg gestrebt, du warst viel beschäftigt, dein Kopf war voll von Plänen und ehrgeizigen Zielen. Aber deine Sinne sind stumpfer und stumpfer geworden, denn du hast die Sensitivität vernachlässigt.«

Helmut: »Ich habe Karriere gemacht, denn ich wollte meiner Frau und meiner Familie etwas bieten.«

»Du hast gestrebt, dein Kopf war aktiv, das Denken war primär, du hattest keine Zeit mehr für die Sensitivität. Deine Frau war dir vertraut, und du hast nicht mehr richtig hingeschaut, sie gehörte als etwas Selbstverständliches dazu. Du hast sie nicht mehr in deine Sinne einbezogen, sondern nur in dein Denken. Wenn das Denken dominiert, entsteht eine Beziehung, und die Liebe verschwindet. Du mußt deine Sensitivität wieder erfahren. Betrachte wieder einmal bewußt deine Frau. Sieh sie dir an, erfasse sie mit deinen Sinnen, sei sensitiv, beende alles Denken, gehe in die Gegenwart hinein, und du wirst feststellen, daß dann etwas geschieht, du siehst deine Frau wieder neu und frisch. Du siehst sie so, wie sie ist, nicht wie sie in deinem Denken gespeichert ist, du siehst sie im Augenblick wirklich, ganz lebendig, in diesem Moment kann sich Liebe entfalten. Das muß nicht so sein – es kann sein. Es ist die einzige Möglichkeit, daß du die Liebe zu ihr wiederentdeckst. Du solltest es probieren, denn dir ist offensichtlich daran gelegen, sie zu lieben und nicht nur in einer Beziehung neben ihr zu leben.«

Helmut: »Ich habe Angst davor. Was soll ich machen, wenn ich sie nicht liebe, trotz meiner Aufmerksamkeit?«

»Du solltest es erst einmal ausprobieren. Wir sollten erst danach über dieses Problem reden. Danach ist dir vieles klarer als jetzt, und du verstehst dann besser, was ich meine.

Zunächst einmal solltest du wieder sensitiv werden. Sei allgemein sensitiv, erlebe die Umwelt wieder frisch und neu. Wenn du morgen aufstehst, dann steh bewußt auf, geh nicht mechanisch ins Badezimmer und verrichte die alltäglichen Funktionen wie ein Roboter. Schau zuerst zum Fenster hinaus, atme die Luft ein, sie riecht jeden Tag anders, das ist immer wieder ein Erlebnis, wenn du bereit dafür bist. Höre die Vögel singen, höre genau hin, denk nicht nur: ›Aha, die Vögel zwitschern.‹ Stelle nicht nur fest, sondern höre wirklich hin, nicht nur eine Minute, sondern länger. Nimm alle Eindrücke des Morgens bewußt in dich auf, aufmerksam, mit voller Anteilnahme, und du fühlst dich wohl, auch wenn es regnet. Du empfindest Liebe zu dem Morgen und ein Wohlbefinden, weil du das in diesem Moment bewußt erlebst.

Du mußt wieder sensitiv werden, um lieben zu können. Sensitivität ist Liebe. Wenn du nur mit dem Verstand vorgehst, wirst du zum Roboter, der Funktionen verrichtet, der feststellt, aber nicht fühlt. Liebe ist Fühlen, nicht Denken. Mit dem Denken kannst du nicht lieben. Die Liebe kommt nicht aus dem Verstand, sondern aus der Sensitivität.

Das Glück kommt nicht vom beruflichen Erfolg, es kommt aus dir selbst. Du bist die Sensitivität, du allein. Niemand kann sie dir geben, du kannst sie nicht kaufen. Erwarte nichts von außen, alles liegt in dir. Die Sensitivität ist das höchste Glück, weil du liebst. Je mehr du liebst, um so glücklicher bist du, und du spürst die Gewißheit, daß dein Leben Sinn hat.«

»Ich fühle mich fremd und allein.«

Gespräch mit Erich, 28 Jahre, Student

Erich: »Manchmal habe ich starke Fremdheitsgefühle, ich fühle mich dann fremd unter den Menschen. Ich bin fremd unter Arbeitern und Handwerkern, fremd unter Kindern, fremd unter der älteren Generation und fremd gegenüber dem anderen Geschlecht.«

»Mit der Empfindung, ein Fremder zu sein, erfährst du die Wahrheit. Du bist ein Fremder. Du bist in der Bundesrepublik einer unter 60 Millionen. Du bist zwar ein Mensch wie die anderen, aber in deiner Individualität bist du etwas Einzigartiges unter anderen einzigartigen Menschen. Wenn dir das bewußt wird, so ist das in Ordnung. Erkläre mir, was dich daran stört.«

Erich: »Die Fremdheit stört mich, weil die Vertrautheit fehlt und dadurch die Geborgenheit. Ich fühle mich nicht geborgen, und das macht mir Angst. Ich fühle mich allein. Hinzu kommt, daß ich die Verschmutzung der Umwelt beobachte und alle Zeitungsartikel darüber lese. Die Flüsse sind verschmutzt, die Luft ist verschmutzt, die Erde wird vergiftet, das Gemüse, das Obst und sogar das Fleisch sind vergiftet. Ich lebe in Köln, einer grauen und schmutzigen Stadt mit häßlichen Häusern. Ich habe Sehnsucht nach einem Leben in einer gesunden Landschaft, das in Ordnung ist, keine Abgase, kein Müll und Dreck, sauberes Wasser und saubere Luft. Ich fühle mich fremd, wenn ich die Politik in der Bundesrepublik betrachte, wenn ich die Reden der Politiker im Fernsehen beobachte. Ich verstehe die Zusammenhänge nicht, es kommt mir alles sehr eigenartig vor. Jeder verteidigt seinen Standpunkt und hat unter seinem Aspekt recht. Jeder hat für alles eine gutklingende Ausrede parat. Das befremdet mich. Es wird schlimmer und nicht besser, aber alle haben recht.«

»Ich verstehe, was du meinst. Es geht vielen so, viele fühlen sich fremd, sie gehen nur schnell darüber hinweg, sie lenken sich ab, hören Musik, sehen sich einen Krimi an, gehen zum Fußballspiel usw. Du lenkst dich nicht ab, das ist gut so, du willst dem Problem deiner Fremdheitsgefühle auf die Spur kommen. Du gehst ganz in diese Fremdheit hinein und stellst dich diesem Gefühl.

Du sagtest vorhin, daß du dich allein fühlst. Es ist in Ordnung, sich alleine zu fühlen, denn du bist alleine. Das Alleinsein ist etwas ganz Normales, denn es ist die Wirklichkeit. Weil du Alleinsein und Fremdheit empfindest, beides zusammen, fühlst du dich einsam.«

Erich: »Ich fühle mich einsam, verloren und ungeborgen, das finde ich nicht in Ordnung, denn ich leide darunter. Deshalb suche ich einen Rat, was ich tun kann.«

»Empfinde zunächst einmal intensiv dein Alleinsein. Die Wahrheit ist: Du bist allein, und du wirst es immer bleiben. Empfinde die Fremdheit, denn du bist ein Fremder in dieser Welt, du hast sie nicht geschaffen, sondern vorgefunden. Es ist gut, daß dir das bewußt ist und du dich nicht in Ablenkungsreize, in oberflächliche Sensationen stürzt. Betrachte dein Alleinsein und die Fremdheit, meditiere darüber. Nimm es an, ohne zu klagen, es ist die Realität. Wenn du das tust, wirst du feststellen, daß du es annehmen kannst, so wie es ist, und es kommt Ruhe auf. Alleinsein ist etwas Wunderbares, denn du gelangst zu dir selbst. Alleinsein, das bist du, hier bist du zu Hause, nicht in einer oberflächlichen Geselligkeit.

Aus dem Alleinsein heraus entwickelt sich Liebe. Und nun sind wir beim eigentlichen Problem: Es fällt dir schwer zu lieben. Du glaubst, wenn du alleine bist und dir alles um dich herum fremd vorkommt, daß du dann nicht lieben könntest, weil dich niemand liebt. Fremdsein ist für dich: ohne Gegenliebe sein; du hast den Eindruck, daß sich alles gegen dich richtet und lieblos zu dir ist. Erwarte keine Liebe von anderen, liebe zuerst selbst. Du hast keine andere Chance, dein Leben zu entfalten. Wenn du diese Chance nicht ergreifst, wirst du verbittert, stumpf, einsam, kontaktscheu, ängstlich und krank.

Öffne dich und betrachte. Laß alles Analysieren mit dem Verstand. Wenn der Verstand sagt: Ich bin allein und fremd in dieser Welt, dann fühlst du dich einsam, und du leidest. Wenn du dein Alleinsein und die Fremdheit aber akzeptierst und dich öffnest, dann kommt die Welt zu dir, und du fühlst dich nicht mehr einsam, und alles Leiden hört auf.

Verschließe dich nicht, ziehe dich nicht zurück. Alleinsein ist nicht Einsamkeit, sondern Fülle. Erfahre das, was geschieht, und du bist nicht mehr einsam. Die Welt wird plötzlich neu, frisch und unmittelbar für dich. Das wird dir plötzlich bewußt, es ist eine Erleuchtung. Kein langer Weg mit großen Anstrengungen führt dahin, du kannst es in einem Augenblick erfassen. Die Schwierigkeit liegt darin, es festzuhalten.

Du mußt diese Erfahrung machen; wenn du es erlebt hast, dann weißt du, wovon ich spreche. Du erlebst die Fülle, und alle Einsamkeit ist weg. In dieser Fülle spürst du die Liebe, und die Fremdheit verliert an Bedrohlichkeit. Wenn du liebst, bist du geborgen. Erwarte keine Gegenliebe. Das wichtigste ist, daß du in der Lage bist, zu lieben. Du hast dich bisher selbst blockiert, es ist ganz natürlich, daß du alleine bist, dich öffnest und liebst, dieser Vorgang ist nur blockiert.«

Erich: »Ich kann die verschmutzten Flüsse und die vergifteten Äpfel nicht lieben.«

»Das ist ein Argument deines Verstandes. Es geht um etwas Allgemeines, nicht um das Spezielle der vergifteten Äpfel. Die Sonne, die vom Himmel scheint, ist nicht vergiftet. Das Haar, das im Wind flattert, ist nicht vergiftet. Der Blick eines Menschen, der deinen Blick trifft, ist der vergiftet? Der Schnee, der vom Himmel rieselt, und der Hund, der in der Ferne bellt, ist das alles vergiftet? Daß du das alles liebst, weil du sensitiv bist, darauf kommt es an. Wenn du das nicht lieben kannst, dann ist deine Seele vergiftet.«

»Wir haben häufig Streit.«

Gespräch mit Manfred, 32 Jahre, verheiratet, von Beruf Bankkaufmann

Manfred: »Ich bin seit fünf Jahren verheiratet. Unsere Ehe ist seit zwei Jahren in einer Krise, es gibt oft Streit, weil meine Frau versucht, mich zu erziehen, und ich meine Frau ändern möchte.«

»Wenn man einen Menschen kennenlernt und ihn liebt, dann freut man sich darüber, daß er so ist, wie er ist, und man möchte ihn überhaupt nicht ändern. Das ist das Beglückende an der Liebe, daß man den Menschen so nimmt, wie er ist, und selbst auch so angenommen wird.

In der Liebe besteht Vollkommenheit. Was man liebt, das ist in diesem Moment vollkommen, es kann nicht vollkommener werden, sonst würde man nicht lieben. Das Wesen der Liebe ist absolutes Akzeptieren. Sobald sich jedoch nach näherem Kennenlernen das Denken einmischt, entsteht eine Beziehung. In einer Beziehung beginnt das Festhalten des anderen, man betrachtet ihn als einen Besitz, und man nimmt sich das Recht heraus, diesen Besitz zu verbessern oder zu ändern. Das geschieht unter dem Deckmantel der Erziehung. Man will dem anderen ›helfen‹, sich besser zu entwickeln, schöner, gebildeter, vermögender usw. zu werden. Man will ihm helfen, seine Schwächen zu sehen und seine Stärken zu fördern. Das klingt sehr positiv.«

Manfred: »So sehe ich es auch. Ich will das Beste für meine Frau – und sie hat nun mal Schwächen, die sie abbauen kann.«

»Du willst, daß sich deine Frau nach deinen Vorstellungen ändert. Vielleicht hat deine Frau oder ein anderer Mann ganz andere Vorstellungen?«

Manfred: »Es geht aber um unsere Beziehung, nicht um eine andere. Sie lebt mit mir, und sie muß sich auf mich einstellen.«

»Das ist das Wesen einer Beziehung. Aber wo bleibt die Liebe? Du glaubst, du erziehst deinen Partner aus Liebe. Tust du es wirklich aus Liebe oder nicht vielmehr aus subjektivem Eigennutz heraus? Du willst auf deine Frau Einfluß nehmen und sie auf dich.

Sobald du versuchst zu erziehen, übst du Gewalt aus. Das ist dir sicherlich überhaupt nicht bewußt. Erziehung ist Gewalt. Wo Liebe ist, kann keine Gewalt sein, und wo Gewalt ist, ist die Liebe weg.

Du solltest den Menschen, den du liebst, nicht erziehen, sondern ihn so lassen, wie er ist, in seiner Individualität. Die Individualität ist nichts Starres, sie ist ständig flexibel in Wandlung. Vertraue auf die Kraft der Liebe. Wenn du liebst, dann ergibt sich alles von selbst. Wenn wirklich etwas geändert werden sollte, dann ändert es sich durch die Kraft der Liebe, ganz ohne Zwang, Erziehung und Gewalt. Sobald du Gewalt anwendest, erzeugst du Widerstand. Wenn du liebst, dann entsteht kein Widerstand, sondern lebendiger Energiefluß. Wo kein Widerstand ist, geschieht das Verhalten locker und entspannt, denn es herrscht Offenheit und Aufgeschlossenheit. Nur in Aufgeschlossenheit kann man lernen.

Laß alles Erziehen und bewußtes Ändern. Liebe deinen Partner, sei aufgeschlossen und mache ihn aufgeschlossen, dann ergibt sich alles von selbst. Eine Änderung erübrigt sich, oder sie stellt sich zwanglos ein. Ich weiß, daß das schwer zu verstehen ist, weil wir in einem Erziehungssystem aufgewachsen sind, das an Zwang und Gewalt glaubt. Daß Lernen durch Liebe und Aufgeschlossenheit automatisch geschieht, dieser Gedanke ist uns nicht vertraut. Du solltest es mir nicht glauben, sondern selbst ausprobieren. Fange heute noch damit an.«

Wie wichtig ist die Liebe zum anderen Geschlecht?

Gespräch mit Rolf, 37 Jahre, unverheiratet, von Beruf Fotograf

Rolf: »Ich bin 37 und war noch nie verheiratet. Nun habe ich eine Frau kennengelernt, die ich liebe, aber ich möchte sie trotzdem nicht heiraten. Sie bedrängt mich und behauptet, daß ich sie nicht lieben würde, weil ich sie nicht heiraten will.«

»Die Liebe ist von der Institution Ehe unabhängig, sie hat mit Heirat nichts zu tun. Die Ehegesetze sind von den Staaten geschaffen, sie wollen, daß aus Liebe eine Beziehung wird; über die sozialpolitischen Motive möchte ich mich nicht äußern, denn das führt in diesem Moment vom Thema ab.

Warum willst du die Frau, die du liebst, nicht heiraten? Ich kann es mir schon denken, aber ich möchte es von dir hören.«

Rolf: »Für mich ist wichtig zu lieben – die Liebe ist oft schnell vergangen, aber aus einer Ehe kommt man nicht so schnell wieder heraus. Du hältst mich jetzt sicherlich für egoistisch.«

»Nein, für ehrlich. Du kannst für deine Liebe keine Garantie übernehmen, sie ist frei, entsteht und vergeht spontan, du hast keine Macht über sie. Dir ist die Liebe wichtiger als eine vertragliche Beziehung zu einem Menschen, gut, dagegen ist nichts einzuwenden.«

Rolf: »Dazu möchte ich als Ergänzung sagen, daß mir die Liebe zu einer Frau in meinem Leben nicht zentral viel bedeutet, nicht, daß ich homosexuell wäre – obwohl ich auch schon homosexuelle Liebeserlebnisse hatte –, nein, ich sehe das so: Die Liebe zu einem Menschen ist für mich nur ein kleiner Teil in meinem Leben, dieser Teil ist für mich nicht von größerer Bedeutung. Die anderen nehmen die Liebe immer ungeheuer wichtig, vor allem die Sexualität, sie streben nach Liebe und Sexualität, sie wollen lieben und geliebt werden, und sie sind dabei blind für alles andere. Meine Freundin sagt, ich wäre psychisch krank, beziehungslos, weil für mich die Liebe zu einem anderen Menschen keine so große Bedeutung hat. Was meinst du dazu?«

»Die Liebe ist ein allumfassendes seelisches Phänomen. Sie entfaltet sich auf der Basis der Sensitivität. Ich weiß, daß du ein sehr sensitiver Mensch bist – du bist liebesfähig, und darauf kommt es an.«

Rolf: »Ich liebe die Natur. Ich streife tagelang durch Wiesen und Wälder und fotografiere. Ich fotografiere aus Liebe. Ich liebe alles, was in der Natur geschieht. Ich beobachte die Vögel bei ihrem Flug und erfasse ihre Bewegungen. Ich schaue in den Himmel und sehe tausend Bilder in den Wolken. Ich rieche die Luft und das Gras. Ich lege mich manchmal stundenlang ins Gras und beobachte die Tautropfen an den Halmen, die kleinen Insekten, die vorüberkrabbeln, eine eigene Welt, die nur wenige kennen und erleben. Dann bin ich glücklich.«

»Wenn du glücklich bist, dann bist du psychisch gesund. Was empfindest du, wenn du eine Frau betrachtest?«

Rolf: »Ich nehme eine Frau mit meinen Sinnen in mich auf, ich sehe sie an, das Haar, die Augen, den Mund, die Gesamtheit. Ich rieche ihren Duft, und ich fasse gerne einen Körper an. Aber ich schaue auch Männer an, ich erfasse sie genauso mit meinen Sinnen, und ich kann deshalb auch einen Mann lieben, seelisch, meine ich. In sexueller Beziehung bin ich aber mehr auf Frauen geprägt.«

»Deine Liebesfähigkeit ist nicht blockiert, und du bist glücklich, wenn du liebst; du erfährst hieraus den Sinn deines Lebens. Was ist daran auszusetzen? Warum sollten wir unsere Liebe auf das andere Geschlecht beschränkend fixieren? Die Sexualität können wir darauf beschränken, denn die Sexualität ist eine spezifisch biologische Funktion mit biologischem Sinn. Aber die Liebe als seelisches Phänomen ist grenzenlos, sie unterliegt keiner Beschränkung. Je mehr Dinge wir in liebender Zuwendung in uns aufnehmen, um so glücklicher und freier sind wir. Du mußt nicht in einer Ehe landen, um ein glücklicher und gesunder Mensch zu sein. Würdest du sagen, du kannst keine Frau lieben, das wäre bedenklich, denn du würdest etwas ausschließen. Es sollte nichts ausgeschlossen werden. Die Liebe möchte alles mit einschließen, sie hebt alle Grenzen auf. Die Liebe ist frei und grenzenlos. Je mehr Dinge du zu lieben fähig bist, um so erfüllter und glücklicher ist dein Leben. Das meint die Lyrikerin Ingeborg Bachmann, wenn sie sagt: ›Lieben – lieben, das ist es. Lieben ist alles.‹ Ich interpretiere, daß sie diese Erkenntnis allgemein verstanden wissen will. Lieben ist alles – die Erfüllung des Lebens, das kannst du nicht begrenzen und einengen.

Bleibe offen und liebe die Menschen, die Natur, die Lebewesen und die Dinge – dann kann dir nichts geschehen, denn du gehst auf dem richtigen Weg.«

»Liebe ist mir zu problematisch.«

Gespräch mit Anita, 25 Jahre, unverheiratet, Büroangestellte

Anita: »Die Liebe ist mir zu problematisch, ich verliebe mich nicht gerne.«

»Wir haben davon gesprochen, daß du kein Vertrauen in die Gesellschaft und die Männer hast. Wir haben über den Sinn der Liebe gesprochen. Du hast Angst vor der Liebe, weil du Angst vor der Enttäuschung deiner Erwartungen hast.«

Anita: »Ich will keine Enttäuschungen erleben. Ich schütze mich vor dieser Angst, indem ich nur platonische Beziehungen eingehe, aber mir den Luxus der Liebe nicht erlaube.«

»Die Liebe ist wahrhaftig ein Luxus, wenn man darunter etwas Kostbares versteht. Für die meisten Menschen ist die Liebe ein seltenes, glückliches Ereignis. Aber du meinst das mit dem Luxus anders, etwas zynisch, etwas, das du dir nicht leisten willst, weil du Angst hast vor dem Schmerz, nicht wiedergeliebt zu werden.«

Anita: »Immer, wenn ich wirklich intensiv verliebt war, haben die Männer mit mir gespielt und mich enttäuscht. Heute lasse ich nicht mehr mit mir spielen, weil ich mich nicht verliebe. Ich mache die Männer in mich verliebt. Heute kann mich keiner mehr enttäuschen.«

»Und du bist stolz, daß dir diese Distanz gelungen ist. Merkst du denn nicht, daß du dir mit diesem Schutz selbst schadest? Du hast Distanz bezogen und betrügst dich selbst um intensive Gefühle.

Du hattest Erwartungen und bist nun zum Gegenteil übergegangen: überhaupt keine Erwartungen mehr! Ich sage zwar immer, man soll keine Erwartungen haben, aber so ist das nicht gemeint, nicht als Gegenreaktion.

Ich meine folgendes: Erwartungen erzeugen Angst, daß sie nicht eintreffen; sie lenken dich ab von dem, was im Moment geschieht. Du sollst keine Erwartungen haben, aber auch nicht die Erwartung, keine Erwartungen zu haben. Das ist schwer zu verstehen. Ich versuche, es dir bewußtzumachen.

Wenn du einen Menschen liebst, dann begegne ihm in offener und ausdrucksstarker Liebe, ohne Erwartung der Gegenliebe von seiner Seite. Du unterdrückst deine Liebe, du distanzierst dich davon und meinst, du wärest schlau, nicht offen und intensiv zu lieben, sondern nur zu beobachten.«

Anita: »Du sagst immer wieder, man soll beobachten, das, was geschieht, die anderen und sich selbst.«

»Das ist richtig, völlig richtig. Du sollst beobachten, was geschieht, vor allem auch *deine* eigene Liebe, nicht nur die Reaktionen der anderen. Du beobachtest, ob die anderen dich lieben, du achtest nicht auf deine eigene Liebe. Wenn dir deine Liebe bewußt wird, dann unterdrückst du sie, oder anders: Du beobachtest nicht deine Liebe, sondern schaltest schnell die Beobachtung der anderen ein. Du kontrollierst ihre Liebe zu dir. Die alte Erwartung ist da: Du willst geliebt werden, du achtest darauf, daß du Liebe bekommst, ohne selbst Liebe zu geben.

Achte auch auf dich selbst. Gehe immer zuerst von dir aus. Zuerst ist deine Liebe wichtig, darauf kommt es an, dann wird die Liebe der anderen zu dir für dich wichtig. An diesem Punkt muß das neue Denken einsetzen. Liebe zuerst selbst und drücke diese Liebe aus, ohne darauf zu achten, ob die anderen mit Gegenliebe antworten. Hier liegt das Geheimnis der Reife. Du hast es noch nicht verstanden, du meinst, indem du nur so tust, als würdest du lieben, könntest du frei sein, die anderen reinlegen und beherrschen. Du betrügst nur dich selbst. Du unterdrückst deine Empfindungen und beobachtest die Empfindungen der anderen, du provozierst ihre Liebe und stehst dann kühl und beobachtend ihrer taktisch provozierten Liebe gegenüber.

Provozierte Liebe verschafft dir keine Glückseligkeit, sondern nur Befriedigung deiner Egostärkung. Wirf dieses egoistische Ego weg; dieses Ego, das nach Geltung und Macht strebt, ist nichts wert.

Geh ganz intensiv und offen in dich selbst hinein. Es ist schwer zu verstehen, ich weiß. Gehe in dich hinein, ohne egoistisch zu sein. Konzentriere dich voll Vertrauen auf dich. Alles Glück dieser Welt liegt in dir, nur in dir. Wie soll ich es dir mit Worten begreiflich machen? Hörst du mir noch zu?«

Anita: »Ich höre zu, aber ich habe viele Einwände.«

»Die Einwände kommen aus deinem Verstand. Dein Verstand trennt dich von dir. Dein Verstand dominiert über deine Seele. Der Verstand meint, er wäre so klug – er hat dich in seiner Gewalt. Du bist nicht Herrin im eigenen Haus, im Haus deiner seelischen Gesamtheit, meine ich. Du hast dein Denken zum Diktator gemacht.

Gelange wieder zu dir selbst, zu deiner ganzen Person, zu deinen Sinnen. Wenn du aus deinen Sinnen heraus reagierst und den Verstand einmal abschaltest, dann bist du näher bei dir. Ich möchte, daß du näher zu dir selbst kommst, das ist alles. Je näher du bei dir bist, bei deinen Ursprüngen, beim eigentlichen Sein, um so besser.

Früher sagte man, jemand ›ist von Sinnen‹, das hieß, er ist verrückt. Du bist verrückt, wenn du nicht bei deinen Sinnen bist. Kehre zurück zu dir selbst, zu deinen Sinnen, und du fühlst dich gesund.

Die Liebe und das Glück kannst du nur über die Sinne erfahren. Wenn du dich von deinen Sinnen distanzierst und dein Verstand dominiert, dann bist du von Sinnen. Der Verstand muß zurücktreten, damit sich die Sinne in ihrer Lebendigkeit entfalten können. Komme zu Sinnen, und alle bisherigen Probleme lösen sich in Luft auf. Hast du verstanden, was ich damit meine?«

Anita: »Ich spüre etwas, aber ich verstehe es nicht. Ich meine, das ist Scharlatanerie, was du sagst. Ich kann nicht wissen, ob das stimmt und richtig ist.«

»Du kannst es nicht wissen, du sollst es auch nicht glauben. Es gibt nur eine einzige Grundlage, und das bist du selbst. Wenn du es nicht weißt, so solltest du versuchen, es zu erfahren. Die Erkenntnis kommt im Augenblick, sie überrascht dich zwischen den Worten, sie kommt nicht aus dem Verstand und nicht aus dem Gefühl. Du erlebst sie mit deiner Ganzheit. Wenn du sie nicht erlebst, dann warte, und wir reden ein andermal darüber. Du und ich, wir können die Erkenntnis nicht herbeizwingen. Sie ist plötzlich da, oft in einem Moment, wenn man sie nicht erwartet hat.

Liebe ist nicht problematisch. Du liebst einfach, du öffnest dich voll Vertrauen, du drückst dich aus, du gibst Zuwendung und Zärtlichkeit, weil du bereits Glück durch deine Sinne empfangen hast, das ist alles. Du erwartest keine Gegenleistung, du bist glücklich, weil deine Sinne offen sind, du bist offen und verletzbar. Du nimmst auf und drückst dich ehrlich aus, das ist alles.«

> *Wie ich einmal bei Sinnen war, wurde alles plötzlich klar und leicht.*

Erlebnisbericht von Hans, 22 Jahre, unverheiratet, Student

»Es war ein Sommertag Ende August. Als ich aus dem Haus trat, empfand ich alles besonders intensiv. Die Sonne schien, und das Licht kam mir ungewöhnlich hell und doch weich vor. Die Sonne lag in den Blättern des Nußbaums, die sich im Wind bewegten. Die Schatten und das Licht waren eine Einheit. Ich sah das Spiel von Licht und Schatten auf der Hauswand und dachte mir nichts dabei, ich fühlte mich einfach nur wohl, das zu sehen.

Plötzlich hörte ich die Vögel mit ihren vielen Stimmen. Ich war schon vielleicht tausendmal aus diesem Haus getreten und hatte noch nie in dieser Art die Vogelstimmen gehört. Das Haus stand am Rande einer Kleinstadt, durch den großen Garten waren im Sommer täglich viele Vögel zu hören, es war für mich deshalb selbstverständlich, daß die Vögel zwitschern. Ich hörte es jeden Tag und hörte es doch nicht richtig, das Gezwitscher war für mich eine Geräuschkulisse. Heute hörte ich die Vögel einzeln zwitschern, ich konnte deutlich einzelne Vögel unterscheiden. Ich fühlte mich in diesem Moment glücklich und wohl. Es war für mich schön, daß mir das Vogelgezwitscher aufgefallen war.

Ich stieg auf mein Fahrrad und fuhr in die Stadt. Der Wind war warm, und er wehte meine Haare zurück. Das Glücksgefühl verstärkte sich, ich machte mir über nichts Gedanken, und ich nahm alles in mich auf, wie es sich im Moment ereignete. Alle Sinne waren offen. Ich spürte den Wind auf der Haut, die Sonne schien mir in die Augen, ich blinzelte, und das helle Licht war angenehm. Ich hörte immer noch die Vögel. Ich machte den Mund auf, um noch deutlicher zu hören. Mein Mund war voller Speichel. Wenn ich gestreßt bin, bekomme ich einen trockenen

Mund, aber heute fühlte ich mich überhaupt nicht gestreßt. Ich fühlte mich ganz da, ich schmeckte die Luft, unheimlich nah an der Realität.

Ich hatte plötzlich keine Lust mehr, die Verabredung mit einem Freund um elf Uhr einzuhalten, ich wollte für mich sein, mit mir alleine. Ich brauchte kein Gespräch. Wir wollten uns über eine Vorlesung unterhalten, die ich versäumt hatte. Die Gespräche mit René waren immer sehr interessant, weil René mehr wußte als ich und ich deshalb nach jedem Gespräch mit ihm etwas gelernt hatte, das ich nicht wieder vergaß. Es war immer etwas Wichtiges dabei für mein Studium oder mich selbst.

Ich bog in einen Feldweg ab und radelte holpernd mit Mühe zum Waldrand. Ich legte das Fahrrad in die Wiese und setzte mich daneben. Die Sonne schien mir voll ins Gesicht. Die Vögel zwitscherten, Bienen summten, die Wolken zogen in dicken, weißen Klumpen über den Himmel. Das Gras duftete. Was war mit mir los? Ich fühlte mich wie verliebt. Ich war ganz offen für alles, was um mich herum geschah. Es geschah nichts Wichtiges, und dennoch hatte ich das Gefühl, daß es etwas Besonderes war, weil ich alles so intensiv erlebte. Es war wie ein großes Konzert, alle Sinne waren daran beteiligt. Ich spürte, daß diese Wachheit und Offenheit ein Geschenk ist, ich dachte, daß ich hier der einzige bin, der das jetzt so intensiv erlebt, und ich empfand es als bedauerlich, daß ich der einzige war. Ich dachte, daß noch andere Menschen dasein sollten, die genauso fühlten wie ich. Aber sie waren wohl alle beschäftigt, in Büros, in Läden, Kaufhäusern, Seminarräumen und Bibliotheken. Sie sahen nicht das, was ich sah, sie empfanden nicht dieses Glücksgefühl. Bei diesem Gedanken wurde ich leicht traurig, denn plötzlich kam mir dieses Erlebnis als etwas sehr Wichtiges vor, ich dachte, daß die anderen, die das nicht empfanden, am Leben vorbeigingen. Ich könnte noch viel erzählen von meinen Empfindungen, von vielen kleinen Details, die meine Sinne aufnahmen. Es war wunderbar. Es durchströmte mich ein nie gekanntes Glücksgefühl. Ich war teilweise davon wie betäubt oder wie berauscht, ohne Alkohol, schöner, denn ich war hellwach, nicht so betäubt und dumpf wie beim Biertrinken.

Dieser Tag hat für mich in meinem Leben eine ganz besondere Bedeutung. Ich überspringe nun viele Erlebnisse und erzähle dir jetzt den späten Nachmittag. Ich bin später in die Stadt gefahren. Ich hatte keinen Hunger und habe nichts gegessen.

Ich ging glücklich und voll Tatendrang ins Atelier der Uni und malte einige Bilder. Unter dem Glasdach war es sehr heiß. Ich habe geschwitzt, aber dieses Schwitzen war sehr angenehm, es war überhaupt nicht lästig. Ich habe an diesem Nachmittag in Farben geschwelgt. Ich malte auf eine andere Art als bisher. Ich überlegte gar nicht, welche Komposition ich mache, sondern malte in sinnlicher Freude aus dem Augenblick heraus. Das Bild entwickelte sich quasi von selbst. Früher dachte ich immer sehr viel über die Farbkombinationen nach. Heute dachte ich nicht, sondern experimentierte und erlebte, was geschah. Das Bild geschah einfach, und ich ließ es geschehen. Ich entdeckte eine neue Freude am Malen. Alles Denken und Grübeln war weg, ich und was auf dem Papier geschah verschmolzen in eins. Ich war glücklich dabei. Ich war nicht kritiklos, aber ich hatte das Empfinden, daß ich mich loslassen konnte, daß das Richtige geschah, daß Kritik, Kompositionslehre, Ästhetik, Form, Stil unwichtig wurden. Ich empfand schöpferische Freiheit. Ich konnte mich plötzlich in einer Freiheit entfalten, wie ich es zuvor nicht gekannt hatte.

Ich war alleine im Atelier. Es war ein heißer Augusttag, viele meiner Freunde waren im Freibad oder saßen im Straßencafé. Ich war glücklich darüber, daß ich alleine war und niemand etwas sagte und ich mit niemandem reden mußte. Alleinsein war für mich, der ich die Geselligkeit suchte, ein großes Geschenk. Ich hoffte, daß heute niemand mehr ins Atelier kommen würde. Der Geruch der Farben war wunderbar, dieser Geruch vermischte sich mit dem Geruch meines Schweißes. Ich liebte plötzlich meinen eigenen Geruch. Ich rauchte eine Zigarette, stellte das Bild an die Wand und empfand ein großes Glück über mich selbst und das Bild. Ich dachte, daß alles in Ordnung sei; ich bin in Ordnung, mein Bild ist okay. Ich habe für mich gemalt, das kann keiner nachempfinden. Ich hörte Schritte, und die Türe des Ateliers öffnete sich. Es war Elvira. Sie war mir schon aufgefallen, sie trug schwarze Kleider und wirkte in sich geschlossen. Sie war ruhig, ausgeglichen und freundlich. Sie lächelte mich auf der Straße einmal ganz leicht an, als ich mit einem Freund an ihr vorbeiging.

Im ersten Moment war ich unzufrieden, daß jemand mein Alleinsein im Atelier störte. Ich empfand einen kurzen Moment eine Mischung aus Schrecken, Panik und Angst, als sie ins Atelier hereinkam. Ich wollte allein sein, ich fühlte mich mit der Welt, dem Kosmos und mir total verbunden, und nun kam dieses Einzelwesen mit seinen Normalproblemen und seiner Normalunsensibilität in diesen Raum meines Glücks. Ich wurde nervös, obwohl sie mir sympathisch war.

Sie kümmerte sich nicht um mich und begann zu malen. Das war gut. Ich konzentrierte mich wieder auf mich und begann auch wieder zu malen. Ich verliere mich in Details; für einen Außenstehenden, der das nachvollziehen soll, ist das sicherlich langweilig.

Ich war an diesem Tag hellwach, meine Sinne waren ganz offen. Ich ging etwa eine Stunde später zu Elvira und sah ihr Bild an. Ich sah ihr Bild, und ich sah sie. Ich konnte das nicht unterscheiden. Alles, was ich sagte, hatte mit mir zu tun, mit ihr und dem Bild, es war eine Einheit. Ich war glücklich, aus dem Alleinsein ging eine Gemeinsamkeit hervor. Ich empfand es wie ein Wunder, daß sie mich verstand, daß sie das gleiche Gefühl hatte, daß sie verstand, was ich sagte, daß es für sie nicht banal oder fremd war, sondern daß sie es natürlich erlebte. Sie reagierte völlig aufgeschlossen. Sie war nicht intellektuell, nicht verkrampft oder kritisch, nicht gehemmt oder aufgesetzt, sie erlebte den Augenblick ganz im Augenblick wie ich.

Ich empfand aus meinem Alleinsein heraus plötzlich eine starke sinnliche Verbindung zu ihr. Ich roch ihr Parfüm, und in diesem Moment wurde sie einbezogen in das Erlebnis meines Glücks. Ich hatte keine Scheu vor ihr, alles ergab sich von selbst, völlig zwanglos, aus dem Augenblick heraus. Ich legte meine Hand auf ihre Schulter und kniete mich dann vor ihrem Bild nieder. Wir sprachen über die Farben und waren ganz nahe aneinander. Sie nahm sich eine Zigarette, ich gab ihr Feuer. Sie zog intensiv an der Zigarette, und ich küßte sie. Es ergab sich ganz zwanglos von selbst, es ereignete sich einfach aus dem Augenblick heraus. Es war ein Verständnis da, ohne daß wir uns über uns unterhalten hätten. Es ergab sich aus dem Moment, aus einer sinnlichen Nähe. Wir fühlten uns gegenseitig nahe, ohne uns zu kennen.

Ich war nahe an ihrem Gesicht und roch ihr Parfüm, die Farben, es war warm, ich schwitzte, ich roch meinen Schweiß, und diese ganze Atmosphäre war sehr dicht, es war kein Gedanke da. Ich ließ mich in diesen Augenblick hineinfallen. Ich umarmte sie und empfand Liebe zu ihr. Ich spürte ihre Wange an meiner Wange. Es war eine Weichheit und Schönheit, wie ich sie zuvor nie empfunden habe. Ich drückte sie an mich, und sie drückte sich an mich. Ich spürte ihren Körper, und sie spürte meinen. Ich spürte, daß sie mich spürte. Sie kam mir entgegen, und ich kam ihr entgegen. Es war eine starke Einfühlung, ein Zueinanderstreben. Sie wirkte glücklich und erlebte mit offenen Sinnen. Ich ertastete mit meinen Händen ihre Arme von oben nach unten. Ich hatte bisher noch nie auf diese intensive Weise die Arme einer Frau berührt und erlebt. Ich war voll Achtung für sie. Ich liebte ihre Arme, alles war Liebe, alles vermischte sich, der Geruch, die Bewegungen, die Worte, die Hitze, das Licht. In diesem Moment liebte ich sie, alle Sinne waren offen für sie, alles war eine Einheit. Ich vergaß die Zeit, das Denken, mich selbst. Die Liebe war da, ich liebte sie genauso intensiv, wie sie mich liebte. Es war ein seelisches Ereignis. Unsere Körper waren die Basis für ein seelisches Ereignis.«

8.

WEGE ZUR ERFÜLLTEN LIEBE

»Das ewige Leben dem,
der viel von Liebe weiß zu sagen.
Ein Mensch der Liebe kann nur auferstehn!
Haß schachtelt ein!
Wie hoch die Fackel auch mag schlagen.«
ELSE LASKER-SCHÜLER

Der deutsche Dichter Albert Ehrenstein schrieb 1950 kurz vor seinem Tod in New York: »Die Konzentration des Lebens ist die Liebe.« Prägnanter kann man eine Erkenntnis nicht in Worte fassen. In der Liebe entfaltet sich die Lebendigkeit in ihrer höchsten Intensität. Die Liebe ist konzentriertes, intensives Leben. Diese Bedeutung der Liebe für unser Leben versuchte ich auf den vorangegangenen Seiten bewußtzumachen.

Mein Leben erfüllt sich, wenn ich liebe. Wer glücklich werden will und seinem Leben Sinn verleihen möchte, kommt nicht an der Liebe vorbei. Alles Streben, aller Erfolg, aller Reichtum, jede Macht sind sinnlos und unbefriedigend, wenn die Liebe fehlt. Die Liebe ist ein Erleben, das nicht etwa nur begnadeten Menschen zufällt, die zum Beispiel besonders intelligent sind, Erfolg und Genie haben, »gut« aussehen, sondern sie steht jedem Menschen offen. Schönheit oder Intelligenz sind Attribute, die nicht erforderlich sind, die sogar eher hinderlich sein können, wenn diesen sekundären Dingen allzuviel Beachtung geschenkt wird. Der Fähigkeit zu lieben muß Beachtung geschenkt werden. Das Vermögen (die seelische Voraussetzung) zu lieben bringt jeder Mensch bei seiner Geburt mit, aber er muß dieses Vermögen erst zu einer Fähigkeit entwickeln. Daß dies sehr häufig nicht geschieht, darauf habe ich genügend oft hingewiesen. Die Entwicklung der Fähigkeit zu lieben ist für die Lebensbewältigung genauso wichtig wie zum Beispiel die Entwicklung der Fähigkeit zu rechnen, zu schreiben, eine Fremdsprache zu erlernen. Erfolg im Beruf ist erforderlich, um den Lebensunterhalt zu verdienen, aber das reicht nicht, um sich psychisch gesund und glücklich zu fühlen. Das seelische Wohlbefinden entspringt aus der Fähigkeit zu lieben. Ich meine die Fähigkeit, Liebe zu empfinden und zu geben, nicht die passive Entgegennahme von Liebe und Zuneigung von anderen. Zuerst muß ich selbst die Fähigkeit zu lieben besitzen. Diese Tatsache ist für viele besonders schwer einzusehen, weil sie durch enttäuschte Erwartungen der Gegenliebe verhärtet sind.

Das große Glück erhalte ich nicht durch Entgegennahme von Liebe, sondern durch meine eigene Fähigkeit, Liebe zu empfinden und diese Liebe auszudrücken. Selbst zu lieben, darin besteht die Konzentration des Lebens. Ich muß also speziell diese Fähigkeit fördern und darf nicht in dem Zustand verharren, in dem ich Liebe von anderen passiv erwarte und konsumiere. Was nützt es, wenn ich danach strebe, schön zu sein, Erfolg zu haben, Besitz zu horten, um von anderen bewundert und geliebt zu werden? Das macht mich nicht glücklich, es vermittelt mir höchstens ein Gefühl von Egostärke und Sicherheit. Wenn ich selbst nicht liebe, nützt mir die Liebe der anderen wenig, denn meine Seele bleibt leer. Sie ist erst dann reich und erfüllt, wenn ich selbst liebe.

Die Liebe ist nicht beschränkt auf das andere Geschlecht. Die Fähigkeit, zu lieben, ist die Fähigkeit, alles liebend zu erfahren und aufzunehmen, was mir die Sinne vermitteln. Die Liebe zu einem Vogel, der in den Zweigen sitzt, ist seelisch genauso wichtig wie die Liebe zu einem Menschen des anderen Geschlechts. Die Sexualität, erfahrbar über die Geschlechtsorgane, ist nur ein zusätzliches Erlebnis. Liebe beschränkt sich nicht auf Sexualität, sie ist ein generelles Erlebnis. Ich hoffe, daß ich diese wichtige Erkenntnis vermitteln konnte.

Die Liebe ist die Konzentration des Lebens, der Lebendigkeit und des Glücks. Sexuelles Erleben ist nur ein Teil dieses Glücks. Sich auf die Sexualität zu fixieren, das würde bedeuten, nur einen kleinen Teil wahrzunehmen, das wäre eine seelische Verarmung. Wer nur auf die Sexualität starrt, wird vom Leben enttäuscht sein, genauso wie derjenige, der darauf starrt, Gegenliebe und Zuwendung zu erfahren. Glücklich und psychisch gesund fühlt sich derjenige, der seine Liebesfähigkeit, die Fähigkeit, Liebe zu empfinden, in seiner Ganzheit zu allem sinnlich Wahrnehmbaren entfaltet.

Zuerst ist es meine Liebe, die mich erfüllt. Die Frage nach der Liebe der anderen sollte verstummen. Es ist unwichtig, ob mich der Baum in der Abenddämmerung liebt. Von einem anderen Menschen aber will ich wiedergeliebt werden, weil hier die Liebe mit einer sexuellen Prägung verbunden ist.

Die Sexualität ist ein Trieb, ein Hunger, den ich stillen möchte. Warum machen wir uns so viele Gedanken über die Sexualität?

Welche Bedeutung hat die Sexualität?

Wir dürfen Liebe und Sexualität nicht verwechseln. Die Sexualität ist ein hormonell gesteuerter Trieb. Die Triebbefriedigung ist wichtig für unser seelisch-körperliches Gleichgewicht. Viele Menschen verspüren häufiger den Drang nach sexueller Befriedigung als den Drang, zu lieben. Aber sexuelle Triebbefriedigung ohne Liebe ist eine isolierte sinnliche Wahrnehmung. Viele sind auf diese Triebbefriedigung fixiert. Das ist so ähnlich, als wäre jemand auf die Farbe Rot fixiert, er würde nur diese Farbe suchen, und nur diese Farbe würde ihm auffallen. Das wäre eine Einschränkung seiner Wahrnehmung, wir würden ihn bedauern, wenn er die anderen Farben des Spektrums nicht beachten könnte.

Da die Sexualität triebgebunden ist, geschieht die Fixierung auf sexuelle Reize und sexuelle Befriedigung sehr leicht, leichter als die Fixierung auf die Farben Rot oder Gelb. Die Fixierung auf die Sexualität ist weit verbreitet, weil die Fähigkeit zu lieben bei vielen unterentwickelt ist.

Bevor die Geschlechtsreife einsetzt, sollte die Liebesfähigkeit bereits entwickelt sein und danach nicht verlorengehen. Wenn die Liebesfähigkeit da ist, dann erhält die Sexualität dadurch erst ihre Schönheit und ihre seelische Bedeutung. Sexualität ohne Liebe ist bloße Triebbefriedigung (nichts gegen Triebbefriedigung!), denn es fehlt das seelische Glück. Zuerst muß die Liebe dasein, erst dann wird die Sexualität über die bloße Triebbefriedigung hinaus sinnvoll und seelisch erfüllend. Ist zuerst die sexuelle Begierde da und die Liebe bleibt aus, dann ist das Erlebnis ohne Glanz und Freude, ohne Glückseligkeit und Erleuchtung, dann sieht man nur die Farbe Rot – und nicht das ganze Spektrum.

Sexualität wird erst durch Liebe schön und beglückend. Diese

Erkenntnis sollten wir festhalten und versuchen, sie nie mehr zu verlieren.

Es wenden immer wieder viele ein: »Was soll ich aber mit meinem Trieb machen? Der muß befriedigt werden, öfter als ich verliebt bin oder jemand liebe.« Ich antworte darauf: Ihr müßt mehr lieben. Lieben ist für viele ein viel zu seltenes Ereignis, sie gehen durch die Welt und bewegen sich in der Natur und unter den Menschen ohne Liebe. Die Liebesfähigkeit ist verkümmert, aber die Sexualität fordert trotzdem ihre Befriedigung. Wen wundert es da, daß so viele Menschen unerfüllt und unglücklich sind.

Die Liebe sollte kein seltenes Ereignis sein. Ich muß mich öffnen und alles, was ich bisher wußte, dachte und erwartete, über Bord werfen. Ich muß jeden Tag ganz neu beginnen. Alles, was ich tue, alles, was ich sage und alles, was meine Sinne erfassen, sollte in Liebe geschehen. Der Zustand der Liebe muß zu meinem Seinszustand werden. Wenn ich diesen Seinszustand der Liebe erreicht habe, dann geschieht alles in Liebe, und ich fühle mich glücklich. Die Sexualität erhält durch Liebe ihre Bedeutung. Ohne Liebe ist Sexualität nicht der Rede wert.

Wie finde ich zu dieser liebenden Einstellung, wie wird es möglich, daß Liebe nichts Seltenes ist, sondern etwas, das mir täglich widerfährt? Ich darf nicht auf die Liebe warten, denn sie ist in mir, es kommt ganz allein auf mich selbst an, auf meine Offenheit und Sensitivität. Wenn ich mich ganz öffne, wenn ich alle Sinne öffne, wenn ich verletzbar bin, wenn ich alle Angst aufgebe, wenn ich das Neue erkenne, das Frische im Moment, dann liebe ich.

Wenn ich mich ganz öffne, ohne Widerstand, ohne zu kämpfen, wenn ich beobachte, was im Augenblick geschieht, ohne jede Erwartung, Hoffnung, Glauben, Vorurteil, Denken, dann entfaltet sich die Liebe, dann ist sie plötzlich da, dann ist sie nichts Seltenes.

Je geschlossener, enger und fixierter ich bin, desto seltener tritt Liebe in mein Dasein. Wenn ich aber aufmerksam bin, dann erlebe ich täglich die Liebe zu den Dingen, zu allem, was mich umgibt, und natürlich zu den Menschen, die mich umgeben. Wenn ich die Liebe jedoch mit Bedingungen verknüpfe, dann bleibt sie aus. Bedingungen kann ich stellen, wenn ich ein Geschäft machen will, wenn aber die Liebe zu einem Menschen zum Geschäft wird, dann bin ich ein »kluger« Dummkopf.

Wenn ich die Liebe an Attribute wie Schönheit und sonstige Werte knüpfe, dann arbeitet mein Denken, es prüft, wägt ab, vergleicht, und die Liebe fliegt zum Fenster hinaus.

Ich muß frisch sein, ohne alle Werte des Denkens, das Denken mit seinen Normen und Maßstäben muß still werden, dann kann ich das erleben, was wirklich geschieht, es ist dann nicht langweilig oder stumpf, sondern ganz neu, frisch, aktuell und überraschend. Die Liebe ist immer frisch, sie ist niemals alt. Man kann Liebe nicht konservieren oder festhalten, sie ist seelische Frische, sie muß sich in jedem Augenblick wieder neu entfalten. Davor haben viele Angst. Die Liebe ist niemals alt, sie ist immer frisch und neu, nur aus dieser Unmittelbarkeit der Liebe erhält die Sexualität ihre Glückseligkeit, ist eine Ganzheit des Erlebens gegeben. Auf diese Ganzheit und Frische kommt es an, wenn ich die Glückseligkeit suche. Andernfalls muß ich mich im Käfig des Alten langweilen und stumpf, müde, muffig meine Kreise ziehen.

Intelligenz und Liebe

Schon mehrfach habe ich darauf hingewiesen, daß die europäische Kultur und Zivilisation den Intellekt überbetont. Die Erziehung ist auf die Erziehung des Denkens und der Intelligenz ausgerichtet, sie kümmert sich nicht um den Bereich der Gefühle. Es herrscht die Auffassung, daß die Schulung der Intelligenz vorrangig sei und die Gefühlswelt unwichtig – hier soll jeder selbst sehen, wie er klarkommt. Die Intelligenz ist nützlich, mit ihr kann der einzelne seinen Lebensunterhalt verdienen, durch die geschulte Intelligenz kann er in die Arbeitswelt integriert werden, er wird für die Gesellschaft nützlich. Seine Gefühlswelt bleibt Privatsache.

Durch die Schulung der Intelligenz wird keiner glücklich, denn es ist nur die Schulung einer Fähigkeit mit Werkzeugcharakter. Das Glück des Menschen liegt nicht in möglichst hoher Intelligenz. Glück erfährt der Mensch allein über den anderen, vernachlässigten Teil der Psyche, über die Gefühlswelt.

Besonders schädlich ist das Vorurteil, daß allein die Intelligenz wichtig sei und die Gefühlswelt auf einer niedereren Stufe des Menschseins stünde. Diese Überschätzung der Intelligenz liegt daran, daß viele glauben, daß sie sich vor allem durch die Intelligenz vom Tier unterscheiden und nur deshalb in der Natur ein höheres Lebewesen seien. Der Mensch ist das jedoch nicht nur durch sein hochentwickeltes Gehirn, sondern durch sein insgesamt hochentwickeltes Nervensystem und sein besonders sensibles psychisches System. Zu diesem System gehören die Sinne, die Gefühle und die breite seelische Erlebensfähigkeit. Auch in seiner komplexen Gefühlswelt steht der Mensch über allen anderen Lebewesen. Es ist völlig falsch, die Gefühlswelt grob als »tierisch« abzuwerten. Das verrät wenig Kenntnis von der Differenziertheit der menschlichen Seele.

Die Liebe ist nicht mit dem Intellekt erfaßbar. Mit ihm kann man zwar über die Liebe nachdenken, sie sprachlich analysieren, aber mit der Intelligenz ist sie nicht zu erleben. Das Denken muß schweigen, damit für das Erleben Platz ist. Es kommt auf das Erleben an, nicht auf das Analysieren und Sezieren.

Wir müssen unsere Gefühlswelt entdecken und die Welt des

Denkens in ihre Schranken verweisen. Das Denken soll sich in das Fühlen nicht einmischen. Eher schon soll sich das Fühlen in das Denken einmischen. Dieser Gedanke ist vielen Intellektuellen ein Greuel. Sie beten die Intelligenz an und gehen an der Welt der Sinne und Gefühle achtlos oder gar verächtlich vorbei.

Weisheit besitzt derjenige, der seine Intelligenz schult und sie als Werkzeug im richtigen Moment einsetzt, der aber davon unberührt die Ganzheit seines seelischen Lebens erlebt. Die Basis für alles Erleben sind die Sinne. Aus der Sensitivität erwächst das Gefühl und die Liebe.

Es geht nicht darum, mit den Sinnen zu registrieren und mit dem Denken zu analysieren. Es geht vor allem darum, mit den Sinnen zu erleben, zu erfühlen, das Denken abzuschalten und aufmerksam zu beachten, was dann geschieht. Es ereignet sich die Liebe. Wenn der Verstand analysiert, kann sich keine Liebe entwickeln. Die Basis ist die Sensitivität. Hieraus ergeben sich die Gefühle, auf dieser Ebene entstehen elementar Angst, Trauer, Glück und Liebe. Je mehr wir zu dieser Basis unserer elementaren Existenz finden, um so glücklicher können wir werden, um so intensiver und beglückender können wir lieben. Einem »Verstandesmenschen« ist das unbegreiflich, weil er es nicht erlebt hat und dem Trugschluß unterliegt: »Was ich nicht erlebt habe, das gibt es nicht.«

Laßt uns zurückgehen zur Emotionalität. Das Wort »zurückgehen« will ausdrücken: Es ist ein Erkennen der Basis unserer Existenz. Nicht: Ich denke, also bin ich, sondern: Ich nehme wahr, ich fühle und erfahre mich selbst. Ich möchte die Leistungen des Denkens nicht schmälern. Alles zur richtigen Zeit. Denken, wenn man ein Werkzeug braucht, und sinnlich erfahren, wenn man glücklich sein will. Wer will nicht glücklich sein? Über die Förderung der Intelligenz ist das nicht möglich. Diese Erkenntnis möchte ich vermitteln. Erfahren und plastisch erleben kann diese Erkenntnis nur jeder für sich selbst. Es geht also nicht darum, das Gesagte nur passiv zur Kenntnis zu nehmen, sondern es für sich selbst aktiv zu erkennen.

Wenn die Erkenntnis da ist, dann ist das Hineingehen in die Sinne und Gefühle kein »Rückschritt«, sondern eine Bereicherung. Es eröffnet sich der Reichtum des ganzen seelischen Erlebens. Das Glück liegt alleine hier, nirgendwo sonst. Alles Suchen ist plötzlich zu Ende, wir sind am Ziel angelangt. Die Liebe kann sich entfalten. Alles Streben hat ein Ende. Wo Liebe ist, ist Sinn, Glückseligkeit und Frieden. Wo Liebe ist, ist kein Hoffen und Glauben mehr erforderlich. Wo Liebe ist, ist Weisheit, Erleuchtung und Sein.

Liebe heilt

Liebe ist lebensnotwendig. Fehlende Liebe macht krank und führt zum Tod. Ein Kleinkind, das zuwenig liebende Zuwendung erhält, erkrankt am sogenannten »Hospitalismus«, und es wird dadurch schwer psychosomatisch gestört – oft stirbt es. Das Kleinkind muß durch eine Entwicklungsphase hindurch, in der es sich liebend angenommen fühlt, andernfalls ist es (aufgrund seiner Hilflosigkeit) psychosomatisch nicht lebensfähig.

Ein Erwachsener kann fehlende liebende Zuwendung von seinen Mitmenschen dagegen entbehren, sofern er als Kleinkind und Kind nicht geschädigt wurde. Der Erwachsene kann liebende Zuwendung vor allem dann entbehren, wenn er gelernt hat, ein unabhängiger Mensch zu werden und selbst zu lieben, sich selbst der Umgebung liebend zuzuwenden. Das ist allerdings die Voraussetzung.

Für den psychisch gesunden Erwachsenen spielt es für seine seelische Gesundheit keine große Rolle mehr, Gegenliebe zu erhalten, für ihn ist viel wichtiger, selbst zu lieben. Es ist als eine psychische Störung anzusehen, wenn der Erwachsene immer noch wie ein Kind auf die Erwartung von Gegenliebe fixiert ist. Das ist ein Zeichen dafür, daß er in der Kindheit zuwenig liebende Zuwendung erhalten hat und nun immer noch versucht, diesen Mangel auszugleichen, der nur sehr schwer im Erwachsenenalter auszugleichen ist. Das Empfangen von Liebe wirkt heilend. In der Psychotherapie ist deshalb die Heilung auch davon abhängig, daß der Therapeut dazu in der Lage ist, Liebe zu vermitteln, zu helfen, ein traumatisches Liebes-Defizit im Nachhinein noch auszugleichen.

Heilend wirkt jedoch beim Erwachsenen nicht nur das Empfangen von Liebe, sondern vor allem auch die Entfaltung der Fähigkeit, selbst zu lieben, sich liebend aufzuschließen, sich selbst liebender Zuwendung zu öffnen. Ein heilender Prozeß ist Liebe zu geben, liebend zu bejahen, in Liebe zu leben. Zu lieben heißt nicht, ständig etwas von sich zu geben, sich »ausbeuten« zu lassen, sondern es heißt zunächst einmal, sich zu öffnen. Wer sich liebend öffnet, der kann empfangen, ohne etwas zu fordern. Wenn ich mich öffne, dann kann die Welt und alles, was geschieht, über die Sinne in mich eindringen. Dieses Eindringen ist die Gegenliebe der Welt, ist das Geschenk, das mich heilt und glücklich macht. In dieser Erkenntnis liegt große Weisheit.

Der Weg zum Glück, zum Zustand der Glückseligkeit, ist der Weg der liebenden Zuwendung. Der Weg zum Unglück, zum Zustand der Verzweiflung und Zerstörung, ist der Weg der verächtlichen, hassenden Abwendung, der Enge oder Fixierung. Das versuchte ich auf den vorangegangenen Seiten dieses Buches immer wieder durch verschiedene Worte und die unterschiedlichsten Beispiele bewußtzumachen.

Wir haben nur eine Chance in unserem Leben, glücklich und zufrieden zu werden – und das ist zu lieben. Wir müssen am

Morgen mit Liebe zum Tag aufstehen und am Abend mit Liebe zu Bett gehen. Wir müssen uns liebend öffnen, alles, was geschieht, liebend und aufmerksam betrachten. Aufmerksamkeit und Offenheit ist Liebe. Unachtsamkeit und Geschlossenheit ist ein Zeichen für fehlende Liebe, das führt uns in die Depression und Zerstörung. Wir zerstören zuerst uns selbst und dann die anderen, die Natur, die Lebewesen und die Menschen um uns herum.

Wir sind im Alltag leider von vielen Menschen umgeben, die geschlossen sind, die nicht lieben können oder wollen, die deshalb zerstörerisch wirken. Ihre krankmachende und zerstörerische Wirkung strahlen sie auf alles aus, was sie umgibt, also auch auf uns. Wie kann man dem entfliehen oder besser begegnen?

Es bleibt uns nichts anderes übrig, als diesen Zustand zu akzeptieren, ihn mit Aufmerksamkeit zu betrachten. Es hat keinen Sinn, dagegen zu kämpfen. Sobald wir kämpfen, wenden wir Gewalt an, und Gewalt erzeugt Gegengewalt. Wer Gewalt anwendet, wird durch die Gewalt umkommen, früher oder später. Wo Liebe ist, kann keine Gewalt sein. Liebe schließt Gewalt aus. Aber wo Gewalt ist, kann Liebe wachsen. Gewalt dagegen kann niemals Liebe erzeugen und wecken.

Liebe heilt, Gewalt macht krank und zerstört, uns selbst und die anderen. Es gibt nur einen einzigen Weg in die Freiheit und in das Licht des Glücks; dieser Weg heißt liebende Zuwendung zu geben. Es gibt kein stichhaltiges Argument des Verstandes, das diese Erkenntnis schmälern könnte. Die Geschichte der Menschheit ist die Geschichte der Argumente für die Gewalt und gegen die Liebe. Wir haben auch im Alltag mehr Argumente für die Rechtfertigung der Gewalt parat als Argumente für die Liebe. Das Denken ist für Gewalt, die Intelligenz glaubt an die Macht der Gewalt. Wo Gewalt ist, muß aber die Liebe und das Glück sterben.

Glück und Zufriedenheit werden erst dann möglich, wenn alle Gewalt ein Ende hat. Wenn ich durch den Schnee stapfe und den Schneeflocken zusehe, wenn ich spüre, wie sie sich auf mein Gesicht legen und dort zerschmelzen, hat die Gewalt ein Ende. Wenn ich mich aufmerksam zuwende auf das, was im Augenblick geschieht und wenn das Denken still ist, dann beginne ich zu lieben, ohne Gegenliebe zu benötigen, dann genügt das, was geschieht, denn Liebe ist in dem, was geschieht, dann kann ich diese Liebe empfinden und sie kommt zu mir, sie wärmt und heilt mich. Die Aufmerksamkeit ist weiser als das Denken. In Achtsamkeit empfinde ich Achtung vor dem, was geschieht. Ich will nicht mehr besitzen. Zu besitzen heißt, mit dem Denken Gewalt ausüben. In Achtsamkeit entfaltet sich Liebe. Diese Liebe ist frei, sie ist augenblickbezogen. Den Augenblick kann ich nicht besitzen. Dem Augenblick kann ich keine Gewalt antun, ich habe keine Macht über ihn. Der Augenblick geht vorbei, und ein neuer Augenblick kommt. In dieser Erkenntnis liegt Weisheit, Schönheit und Zufriedenheit. Ich weiß nicht, wie ich es anders ausdrücken und begreiflich machen kann. Ich kann nur immer wieder versuchen, mit anderen Worten und Beispielen Verständnis zu wecken.

»Alles, was du tust, das tue aus Liebe.«
Worte an einen Freund

»In allem Leid, in aller Schrecklichkeit geht die Liebe nicht unter, das Leben besteht in seiner Schönheit weiter, wenn du fähig bist, diese Schönheit zu erkennen. Gleichgültig, was auch geschieht, das Leben ist lebenswert. Wenn man dir Haß und Zerstörung entgegenbringt, so ist das kein Argument gegen das Leben. Haß und Zerstörung sind eine Krankheit. Über diese Krankheit wird das Leben immer wieder siegen.

In der tiefsten Not, im tiefsten Elend ist die Schönheit, die Offenheit, Liebe und Lebendigkeit immer mit dabei. Egal, was geschieht, wie das Schicksal auch zuschlägt, die Schönheit ist gegenwärtig. Die Liebe allein heilt. Die Natur, das Leben sind Liebe.

Auch der Tod gehört zur Natur, der Tod ist Liebe und Schönheit. Der Tod erlöst dich, er ist gnädig und liebevoll zu dir, im entscheidenden Moment, wenn du ihn brauchst. Du darfst dich nicht eng machen und dich verschließen. Das Glück des Lebens und der Liebe liegt in der Wandlung. Jeder Augenblick muß vergehen, um einem neuen Augenblick Platz zu machen. So mußt auch du vergehen, um einem neuen Lebewesen Platz zu machen. Du kannst das Leben nicht besitzen, es ist dir geschenkt, von einem Augenblick zum anderen. Jeder Augenblick muß sterben, so mußt auch du sterben, um einem neuen Augenblick Platz zu machen, damit neues Leben und neue Liebe entstehen können.

Wer in Liebe lebt, hat keine Angst vor dem Tod. Wer in Liebe lebt, erlebt den Augenblick, er ist eins mit der Lebendigkeit, mit den Verhältnissen der Natur und des Lebens, er akzeptiert den eigenen Tod. Er ist bereit zu sterben, ohne eine krankhafte ›Todessehnsucht‹ zu besitzen. Die Bereitschaft zu sterben zeigt höchste Weisheit. Der Weise kann in jedem Augenblick sterben, weil er sich an nichts festklammert, weil er in jedem Augenblick aufgeht, weil er die Wandlung liebt – und nicht das Festhalten. Wer die Wandlung des Augenblicks liebt, kann nicht das Festhalten lieben. Alles ist Wandlung. Selbstverständlich ist auch die Liebe fließend. Die Liebe läßt sich nicht fixieren. Alles entsteht, vergeht, entsteht neu und vergeht erneut, etwas Neues entsteht, das Neue wird alt und stirbt, um dem erneut Neuen Platz zu machen.

Zu lieben heißt, dies alles zu lieben, so wie es geschieht. Wenn du heute nicht stirbst, dann freue dich, daß du heute noch leben kannst. Versuche nichts festzuhalten, denn festhalten heißt Gewalt ausüben und den Tod herausfordern. Der Tod kommt schneller, wenn du Einfluß nehmen willst. Wenn du die Liebe zu einem Menschen konservieren willst, dann stirbt diese Liebe schneller, als dein kluger Verstand gedacht hat. Je mehr du fähig bist, den Dingen und den Menschen ihre Freiheit zu lassen, um so größer ist deine Chance, daß sie dir erhalten bleiben. Wenn du Gewalt ausübst über Dinge und Menschen, wird diese Gewalt auf dich zurückkommen. Die Dinge werden deine Seele vernichten, und die Menschen werden nach deinem Leben trachten. Lasse alles so, wie es ist, greife nicht ein, liebe es, wie es ist, und du hast das Beste getan, für dich und die anderen. Diese Erkenntnis ist schwer zu verstehen. Einem intellektuell orientierten Zivilisationsmenschen, der fortschritts- und wissenschaftsgläubig ist, ist diese Erkenntnis nicht zugänglich, sie ist für ihn nur ›Blabla‹.

Es ist einerseits schwer, liebend zu akzeptieren, und andererseits so leicht, wenn es dich glücklich macht. Aber du mußt erst erfahren, daß es dich glücklich macht. Laß dich voll Vertrauen fallen, damit du es erfahren kannst. Kämpfe nicht mehr. Höre auf, Gewalt auszuüben. Laß geschehen, was geschieht. Akzeptiere.

Du sagst, du kannst es nicht. Schade. Heute kannst du es nicht. Sage nicht, daß du es nie kannst. Morgen vielleicht geschieht es. Halte dich nicht fest. Öffne dich dem, was im Moment geschieht. Alle Angst hat dann ein Ende. Mit der Angst haben alle deine Probleme ein Ende. Es wird alles plötzlich leicht. Dieses Erlebnis geschieht wirklich plötzlich, die Erkenntnis ist von einem Moment zum anderen da. Sie ist allerdings oft genauso schnell wieder weg. Du mußt dich jeden Tag neu darum kümmern. Du hast keine Ruhe. Du kannst reden und denken, soviel du willst, du kommst um das Problem dieser Erkenntnis nicht herum. Ist sie da, dann geht es dir gut, dann bist du ruhig, gelassen und bereit zu lieben und zu sterben. In Liebe ist das Sterben leicht. In Haß und Kampfbewußtsein ist das Sterben sehr schwer und qualvoll.

Sei jeden Tag bereit, zu sterben, und es fällt dir leicht, zu lieben. Klammere dich nicht an das, was du liebst. Sei frei und lasse das, was du liebst, in Freiheit. Diese Erkenntnis macht dich glücklich. Halte sie fest, lasse sie nicht zum Fenster hinausfliegen.

Lieben ist alles, Lieben ist das Geheimnis des Lebens. Liebe, und du wirst glücklich. Liebe ist die Konzentration deines Lebens. In der Liebe erfährst du dein Leben und das der anderen. Je mehr du liebst, desto mehr erfährst du Sinn, Glück und Zufriedenheit. Je weniger du liebst, um so näher rückst du der Gewalt und dem Tod. Das willst du nicht. Also bleibt dir gar nichts anderes übrig – du hast keine andere Wahl.«

BIBLIOGRAPHIE

Ardrey, Robert: »Der Gesellschaftsvertrag«, München 1974
Bendedict, Ruth: »Urformen der Kultur«, Reinbek bei Hamburg 1955
Blüchel, Kurt: »Die weißen Magier", München 1974
Böll, Heinrich/Linder, Christian: »Drei Tage im März«, Köln 1975
Brøgger, Suzanne: ». . . sondern erlöse uns von der Liebe«, Düsseldorf 1978
Bundesministerium für Jugend, Familie und Gesundheit: »Frauen in der Bundesrepublik Deutschland«, Bonn 1974
Cremerius, J.: »Schichtspezifische Schwierigkeiten bei der Anwendung der Psychoanalyse«, Münchner med. Wochenschrift, Nr. 117/1975
Duhm, Dieter: »Angst im Kapitalismus«, Lampertheim 1972
Duhm, Dieter: »Der Mensch ist anders«, Lampertheim 1975
Ehrenstein, Albert: »Wie bin ich vorgespannt den Kohlenwagen meiner Trauer«, Edition Text und Kritik, München 1977
Fechner, G. Th.: »Zur experimentellen Ästhetik«, 1. Teil, Leipzig 1871
Freud, Anna: »Das Ich und die Abwehrmechanismen«, München 1973
Fromm, Erich: »Wir leiden an schleichender Schizophrenie«, Stern, Nr. 22/1977
Fromm, Erich: »Anatomie der menschlichen Destruktivität«, Stuttgart 1974
Fromm, Erich: »Der moderne Mensch und seine Zukunft«, Frankfurt 1960
Fromm, Erich: »Haben oder Sein«, Stuttgart 1976
Fromm, Erich: »Die Kunst des Liebens«, Frankfurt 1979
Goll, Claire: »Ich verzeihe keinem«, München 1976
Gruhl, Herbert: »Ein Planet wird geplündert«, Frankfurt 1975

Harris, Thomas A.: »Ich bin o.k. – Du bist o.k.«, Reinbek bei Hamburg 1973
Hesse, Hermann: »Lektüre für Minuten«, Frankfurt 1977
Hoghe, Raimund: »Der seelische Verfall des Wolfgang R«, Die Zeit, 4. 11. 1977
Hofmann, Albert: »LSD – Mein Sorgenkind«, Stuttgart 1979
Jensen, Arthur R.: »Hertability and Teachability«, in: J. E. Bruno: »Emerging Issues in Education«, D. C. Heath, Lexington, Mass., 1972
Jung, Carl Gustav: »Über die Psychologie des Unbewußten«, Frankfurt 1977
Jungk, Robert: »Plädoyer für eine humane Revolution«, Zürich 1975
Kamin, Leon: »The Science and Politics of IQ«, LEA Publishers, New York 1974
Kirschner, Josef: »Manipulieren – aber richtig«, München 1974
Kirst, Werner/Diekmeyer, Ulrich: »Creativitätstraining«, Reinbek bei Hamburg 1974
Lauster, Peter: »Selbstbewußtsein kann man lernen«, München 1974
Lauster, Peter: »Statussymbole«, Stuttgart 1975
Lauster, Peter: »Lassen Sie sich nichts gefallen«, Düsseldorf 1976
Lauster, Peter: »Lassen Sie der Seele Flügel wachsen«, Düsseldorf 1978
Lempp, Reinhart: »Problemkinder«, München 1977
Lorenz, Konrad: »Das sogenannte Böse«, Wien 1963
Marcuse, Herbert: »Der eindimensionale Mensch«, Neuwied und Berlin 1967
Maslow, A. A.: »Motivation and Personality«, New York 1954, Materialsammlung IV zur Enquête über die Lage der Psychiatrie in der BRD, Bd. 17, 1974
Mead, Margaret: »Cooperation and Competition Among Primitive Peoples«, New York 1937
Meadows, Dennis: »Die Grenzen des Wachstums«, Stuttgart 1972
Milgram, Stanley: »Das Milgram-Experiment«, Reinbek bei Hamburg 1975
Mitscherlich, Alexander: »Der Kampf um die Erinnerung«, München 1975
Müller, Klaus: »Der Erfolgsdruck fördert Lügen in der Forschung«, Die Welt, Nr. 60/1977
Murdock, G. P.: »Our Primitive Contemporaries«, New York 1934

Nance, John: »The gentle Tasaday«, New York 1972
Neil, A. S.: »Theorie und Praxis der antiautoritären Erziehung«, Reinbek bei Hamburg 1969
Perles, Frederick S.: »Gestalttherapie in Aktion«, Stuttgart 1969
Plack, Arno: »Die Gesellschaft und das Böse«, München 1967
Schult, Peter: »Besuche in Sackgassen«, Essen 1978
Selye, Hans: »Streß beherrscht unser Leben«, Düsseldorf 1957
Weininger, Otto: »Geschlecht und Charakter«, Wien und Leipzig 1920
Wright, Q.: »A Study of War«, Chicago 1965
Zimmer, Dieter E.: »Der Streit um die Intelligenz«, München und Wien 1975
Zorn, Fritz: »Mars«, München 1977

PETER LAUSTER

Lassen Sie sich nichts gefallen
Die Kunst sich durchzusetzen
288 Seiten, 33 Abbildungen, gebunden

»Der Autor setzt sich mit der inhumanen Gesellschaft unserer Zeit auseinander.
Er zeigt, wie man dieser erfolgreich begegnen kann, und schildert Wege und Möglichkeiten, sich aus den Zwängen dieser Gesellschaft zu befreien.«
Der Leitende Angestellte

»Lausters unbestreitbares Verdienst ist es, wieder einmal das Gefängnis sehr exakt beschrieben zu haben, in dem wir uns alle durch fremde oder – allzuoft – selbst auferlegte Zwänge befinden.«
Die Welt

»Peter Lauster motiviert den Leser, sich gegen falsche Zwänge und Normen, gegen falsche Lebensregeln und den Konformismus im Beruf und Alltag durchzusetzen und öffnet ihm einen Weg, wie er sich von Ängsten und Zwängen befreien kann, wenn er sich nichts gefallen läßt.«
Markt Kommunikation

ECON Verlag, Postfach 9229, 4000 Düsseldorf 1

PETER LAUSTER

Lassen Sie der Seele Flügel wachsen
Wege aus der Lebensangst
304 Seiten, 20 Zeichnungen, gebunden

»Thema dieses Buches ist die Angst, Krankheit unserer Zeit. Um die Angst überwinden zu können, genügt nicht das Wissen über komplizierte seelische Mechanismen. Eine Veränderung tritt erst ein, wenn das Wissen aktiv in Beziehung zur eigenen Psyche und zum eigenen Erleben gesetzt wird. Kein Zweifel, der Weg aus Angstverstrickungen in die innere Freiheit, Unabhängigkeit fällt schwer. Dieses Buch ist eine Ermunterung, ihn trotzdem einzuschlagen.«
Die Welt

»Peter Lauster macht dem Leser durch Denkanstöße Mut, denn Lebensglück ist als ›Lebenskunst‹ erlernbar. Er zeigt, wie jeder aus der Zwangsjacke des täglichen Drucks herausfinden und seine inneren Ängste überwinden kann.«
Aachener Nachrichten

ECON Verlag, Postfach 9229, 4000 Düsseldorf 1

HANNE-LORE VON CANITZ

Väter
Die neue Rolle des Mannes in der Familie
264 Seiten, gebunden

In einer Väter-Typologie bietet die Diplom-Psychologin Hanne-Lore von Canitz die Möglichkeit sich selbst als Vater zu finden, oder den Vater seiner Kinder, oder den eigenen Vater. Vom Patriarchen über den Vater, der alles erlaubt bis zum Nichtvater zeigt sie erstmals in dieser Form 24 Vater-Typen, die repräsentativ für unsere Gesellschaft sind.
Kein Zweifel: Die Situation der Väter ist veränderungsbedürftig.
Sie sind verunsichert, ihr Selbstwertgefühl beeinträchtigt. Deshalb sind sie unzufrieden und distanzieren sich von ihren Vateraufgaben – zum Schaden der Familie. Hanne-Lore von Canitz untersucht diesen Zustand und zeichnet einen Ausblick für die Zukunft: das traditionelle Rollenbild vom patriarchalischen muß hin zum väterlichen Vater gewandelt werden.

ECON Verlag, Postfach 9229, 4000 Düsseldorf 1

Theo Löbsack

Die manipulierte Seele
Völlig überarbeitete, erweiterte auf den neuesten Stand gebrachte Neuauflage.
320 Seiten, 28 Abbildungen, gebunden.

»Löbsacks Buch liest sich wie ein spannender Abenteuerroman – und in der Tat kann es ja kein aufregenderes Abenteuer geben als die Entdeckung der menschlichen Seele. Dieses Buch stellt einen ernsthaften Versuch dar, die Bilanz aus der Gegenwart zu ziehen und die unheimlichen Möglichkeiten der Zukunft ahnen zu lassen.«
Die Weltwoche

»Das Buch enthält einen umfassenden Überblick über die vielfältigen Möglichkeiten, Menschen vorübergehend oder für dauernd psychisch zu beeinflussen: durch gezielte Stromstöße oder Injektionen von Chemikalien ins Gehirn, durch ausgeklügelte seelische Foltermethoden, durch Beruhigungs- oder Aufputschmittel. Genuß- und Rauschgifte vom Alkohol bis zum LSD. Das Buch enthält alles, was zum Thema gehört, und einiges mehr. Die Kapitel sind kenntnisreich und kritisch geschrieben, durchweg anregend und ohne Mühe zugänglich. Neueste Entwicklungen sind berücksichtigt.«
Die Zeit

ECON · Postfach 9229 · 4000 Düsseldorf

Henri Baruk

Menschen wie wir
Ein Leben im Dienste humaner Psychiatrie
418 Seiten, 17 Seiten Abbildungen, gebunden.

»In einem Rückblick auf seine lange und ereignisreiche Laufbahn erläutert Dr. Baruk seine humanen und mitleidvollen Ansichten über die Geisteskrankheiten. Es ist ein faszinierendes Buch. Die Fallgeschichten, die Baruk zur Verdeutlichung erzählt, sind menschliche Dramen, teilweise tragisch, teilweise herzerwärmend. Baruk erläutert die Ursprünge und Symptome von Geisteskrankheiten, zeigt den Einfluß von Familie und Beruf auf den Menschen, berichtet über Fehlschläge und über die Heilung gequälter Menschen. Der Leser wird von Baruks medizinischem Scharfsinn, seinem gesunden Menschenverstand und seinem Mitleiden beeindruckt sein.«
Publishers Weekly

»Menschen wie wir« ist ein großes Dokument ergreifender Menschlichkeit. Es ist zugleich ein wesentliches Stück der Medizingeschichte, wie sie unser Jahrhundert geprägt hat.

ECON · Postfach 9229 · 4000 Düsseldorf